旅行会社物語

安田亘宏・中村忠司
著

教育評論社

はじめに――旅行会社について

ほとんどの人は、国内や海外の旅行に出かけたときに、一度は旅行会社にお世話になったことがあるのではないだろうか。旅行には旅行会社の世話にはならずすべて自分で予約手配をすると言う人も、例えば、中学や高校の修学旅行を思い出すと、そこには旅行会社の添乗員が動き回っていた姿を見たような気がするし、会社での職場旅行の時も確かに旅行会社にすべて任せていたと思い当たるのではないだろうか。

たいていの大きな駅の構内や駅前には旅行会社があるし、毎日の新聞にはこれでもかと言うほど旅行会社のツアー広告が掲載されている。確かに以前は旅行に出かけるにあたっては、旅行会社の店頭を訪れ旅行パンフレットを物色したし、ときには面倒なのでカウンターに座り旅行相談をして、予約手配をしてもらった。

旅行会社はとても身近な存在だった。

しかし、最近は旅館やホテルの宿泊だけならインターネットで簡単だし、口コミもしっかり見られる。航空券を買うだけに旅行会社を訪れることはなくなった。パッケージツアーもインターネットですべて完結するし、海外旅行も一都市滞在ならばインターネットで簡単に予約手配ができてしまう。旅行会社はもう要らない、などと言う声も聞こえてくる。旅行会社はこれからも存在していけるの、と考えている人も多い。

とはいえ、大学生の就職人気企業ランキングをみると毎年必ず旅行会社が数社入っている。実際、有名大手旅行会社の就職のハードルは高く、大学で旅行会社を志す学生に観光を教えている身としてはいつも辛い思いをしている。

まずは、本書を読んでいただくにあたって、今日の旅行会社について少しだけ解説しておきたい。

■旅行会社とは

旅行会社とは、旅行に出かけようとしている消費者に代わって事前に交通運輸機関、宿泊施設、観光施設などの予約・手配の仲介、また自社で企画造成した旅

パッケージツアー
旅行会社が出発地（集合場所）から帰着地（解散場所）までの全旅程を管理する形態の旅行商品である。旅行会社自らが企画し、旅行素材を仕入れ造成、値付けし、パンフレットや新聞広告、インターネットなどで告知・宣伝し募集する旅行会社のオリジナル旅行商品である。旅行業約款上は募集型企画旅行となる。

行商品を販売する会社のことである。以前は「旅行代理店」「トラベルエージェント」と呼ばれていたが、今日では「旅行会社」が一般的である。

旅行会社には、大きく分けてふたつの役割がある。一つは消費者に代わって事前に交通運輸機関、宿泊施設、観光施設などの予約・手配をする仲介業である。いわゆる代理店業であり、そのことから旅行代理店と呼ばれていた。しかし、今日ではもう一つ大きな役割を果たしている。自社で企画造成した旅行商品、すなわちパッケージツアーを造成、販売することである。1970年代頃よりパッケージツアーは国内旅行、海外旅行を問わず旅行会社の主力商品となっている。自社で作られた旅行商品を販売する比重が高まり、旅行会社という呼び方が定着していった。また、多くの旅行会社では、他社で企画造成されたパッケージツアーも販売する。

また、今日では旅行商品の仲介や販売だけでなく、旅行に係わる全てのサービスやサポートを提供している。例えば、旅行の相談、旅行保険の販売、旅行図書の販売、旅行積立、パスポートやビザ取得のための申請手続き代行など多岐にわたっている。

さらに、ビジネスの相手は旅行をする個人だけでなく、企業や学校、様々な組

旅行図書
旅行に関する出版物。旅行に行くときに必要な出版物。時刻表、観光ガイドブック、旅行情報誌、会話集、旅行記、観光地図など。

織・団体などの法人もあり、取扱うサービスも宿泊や輸送だけでなく、イベントなど幅広い。

■旅行会社の基本ビジネスモデル

旅行会社の低収益はよく知られている。他のビジネスから比べると極めて薄利である。それでも旅行会社が存続しているのは、基本的には商品の在庫がなく前払いであることが大きな要素になっている。

収益モデル、つまり旅行商品を仲介する基本的な流れは次のようになる。まず旅行者が旅行会社に、例えばあるホテルの予約を依頼し宿泊代金と定められた取扱手数料を支払う、旅行会社はホテルを予約しホテルに宿泊代金を支払う。ホテルは旅行会社に予約を確約し所定の販売手数料を支払う。旅行会社は旅行者に予約確認書などを手交する。通常、この取引は専用の予約コンピューターを使って瞬時に行われている。

この仲介業務のモデルは国内旅行でも海外旅行でも同様で、旅館・ホテルなどの宿泊施設、鉄道、航空、バス、船舶などの運輸交通機関、飲食施設、観光施設についても同じである。つまり、旅行会社は旅行者とサプライヤーの間に立って

サプライヤー
観光サービスの供給者、すなわち交通運輸機関や宿泊施設、飲食施設、観光施設などのこと。

それぞれの便宜、つまり旅行者に対しては「代わりに予約してあげた」、サプライヤーに対しては「代わりに売ってあげた」という関係になり、旅行者からは取扱手数料、サプライヤーからは販売手数料をそれぞれ受け取り、これが旅行会社の収入となっている。

しかし、近年インターネットが普及し、旅行に関する情報が容易に入手できるようになった。宿泊や鉄道、航空が旅行会社を通さずに旅行者に直接販売することを「直販」という。また、このように旅行会社が素通りされている現象を「バイパス現象」と呼ぶ。

旅行会社の独自の商品であるパッケージツアーの流れは次のようになる。旅行会社は、自ら旅行を企画しそれに必要な旅行素材を、宿泊施設、交通運輸機関、観光施設などのサプライヤーから仕入れる。その代金は仕入れの交渉により決まる。旅行会社はその旅行素材を組み合わせ、旅行商品を造成し、自らの収入を確保し値付けする。旅行会社は消費者に対して募集をかけ、消費者は気に入ったコース、納得いく価格のパッケージツアーに申込み、旅行代金を払い、参加証のようなものが手交され、旅行当日を迎える。旅行会社の収入はすでに旅行代金に組み込まれていることになる。他社が企画造成したパッケージツアーを販売する場合は、企画造成した旅行会社から販売手数料をもらう形となる。

旅行会社は募集しないが、会社の職場旅行、招待旅行や修学旅行（これらは受注型企画旅行という）も基本的にはこの流れになる。

■旅行会社の必要性

インターネットの普及により旅行に係わる予約手配が容易になり、旅行会社の必要性が問われる時代になっている。しかし、今日でも、旅行会社は旅行者にとって必要なものであり、サプライヤーにとってもその必要性は決して低くない。

【旅行者にとっての必要性】

第1に「安心感」である。確かに、形がなく、手にとって見ることができず、事前に体験できない旅行商品には常に不安がつきまとう。旅行会社はプロとして旅行商品や旅行の素材を選んでくれ、当たり外れが少ない。

第2に「ワンストップ」である。宿泊、鉄道、航空、バス、レンタカーなど、それぞれ異なった会社や施設の予約・手配はインターネットの発達した今日でも、手間がかかり面倒なことである。旅行者は希望を一度伝えるだけで最適な予約・

受注型企画旅行
旅行者からの依頼に基づき、旅行会社が旅行の目的地や日程、運送や宿泊サービスなどの内容および旅行代金の計画を作成、提案し、実施する旅行のこと。募集型企画旅行と同様の責任を負う。

手配をしてくれる。

第3に「経済性」である。個人が宿泊や鉄道、航空などを組み合わせて、個別に予約・手配し購入した旅行と比べると、旅行会社のパッケージツアーの代金の方が一般的には安い。それは、客室や座席などの大量仕入れ、安定的仕入れのメリットによるものである。

第4に「利便性」である。旅行会社は店舗数が多く、駅前や商業施設内など立地の良いところに多く、土日営業も行われており、仕事帰りや休日に立ち寄ることができる。また、電話での対応もあり、その利便性は高い。

第5に「情報力」である。インターネットの普及により、旅行情報や観光地情報、宿泊施設情報などの入手は容易になったが、旅行会社にある情報は常に最新で信頼度が高い。特に、詳細な入手が難しい海外情報については最も安心し入手することができる。

第6に「人的サービス」である。旅行会社のカウンタースタッフや営業マンは、旅行に関する専門的な知識を有し、きめ細かく相談にのってくれる。インターネットにはないコンサルタント機能である。また、旅先での添乗員や現地スタッフの対応もある。

第7に「付帯サービス」である。特に海外旅行においては、渡航手続きの書類作成、旅行保険の付保、外貨両替、クレジットカードの発行など、さらに、スーツケースやWiFiルーターのレンタル、手荷物の宅配などの手配まで行ってくれる。

【サプライヤーにとっての必要性】

第1に「販売チャネルの拡大」である。旅行会社と契約することによって、サプライヤーは自社以外の販売窓口を持つことになる。旅行会社は旅行者となる消費者の近くに立地している。サプライヤーにとって販売窓口が拡大されるメリットは大きい。

第2に「予約の確実性」である。宿泊施設など、直接電話やインターネットで予約した旅行者が当日連絡なく来ないことがある。これは「ノーショウ」と呼ばれる。旅行会社を利用した予約のノーショウ率やキャンセル率は低い。また、キャンセル料も補償される。

第3に「旅行商品造成」である。サプライヤーの提供するサービスは、旅行者から見ると旅行の一部である。サプライヤーは旅行全体を企画造成することがで

ノーショウ
予約をした人が当日連絡なく来ないこと。逆に、予約をせず予約したものとして来ることをゴーショーと言う。

きない。旅行会社はパッケージツアーという形で旅全体のイメージやグレードを表現することができる。

第4に「需要喚起」である。鉄道会社や航空会社など大企業は別にすると、宿泊施設などのサプライヤーは独自の広告宣伝、特に大消費地に向けた広告宣伝はほとんどできない。サプライヤーのパンフレットなどにより代わってプロモーションを展開してくれる。

第5に「需要変動緩和」である。最もサプライヤーが旅行会社に期待しているのが、オフシーズン、平日の需要の喚起と送客である。修学旅行や各種団体旅行を平日に送り込んだり、オフシーズンや平日の特典付きのパッケージツアーを企画したりしている。

■旅行会社の種類

日本に旅行会社が何社あるかという問いをすると、学生はたいてい100社、200社と答える。実は、全国に1万社以上（出典：『数字が語る旅行業2017』日本旅行業協会 資料：観光庁）あると言うととても驚く。その多くの旅行会社で10万人以上の人が働いている。ひとくちに旅行会社といってもさまざまな位置付けや形態、業態がある。

需要変動
旅行会社、観光ビジネスにとっての最大の課題。特に季節・曜日による需要変動の幅は大きい。

【旅行業法による分類】

旅行会社は、旅行業法上、取り扱い可能な業務の内容によって、5つに分類される。業務内容とはパッケージツアーの企画・実施の有無である。それぞれ、基準資産額、営業保証金、登録先行政機関が定められている。

①第1種旅行業

海外・国内の募集型企画旅行・受注型企画旅行の企画・実施、海外旅行・国内旅行の手配及び他社の募集型企画旅行の代売を行うこと。多くの人が知っている、JTBや近畿日本ツーリスト、H.I.S.などがこれにあたる。

②第2種旅行業

国内の募集型企画旅行の企画・実施、海外・国内の受注型企画旅行の企画・実施、海外旅行・国内旅行の手配及び他社の募集型企画旅行の代売を行うこと。

③第3種旅行業

国内・海外の受注型企画旅行の企画・実施、国内・海外旅行の手配及び他社の募集型企画旅行の代売を行うこと。また、実施する区域を限定（出発地、目的地、宿泊地および帰着地が営業所の存する市町村、それに隣接する市町村等）し、国内の募集型企画旅行の企画・実施が可能。

旅行業法
旅行という商品の取引に関し、消費者保護の観点から、旅行業務に関する取引の公正の維持、旅行の安全の確保および旅行者の利便の増進を図ることを目的に定められた法律。

募集型企画旅行
いわゆるパッケージツアーのこと。旅行会社が自ら企画・造成・販売する商品であることから、主催する旅行会社は旅程管理を行い、旅程保証、特別補償、損害賠償の3つの責任を負う。

④地域限定旅行業

第3種旅行業同様、実施する区域を限定し、国内の募集型企画旅行の企画・実施が可能。

また、受注型企画旅行についても、募集型企画旅行が実施できる区域内で実施が可能で、手配旅行も同様の区域内の取り扱いが可能。

⑤旅行業者代理業

他社の旅行商品を他社のために代理して販売する旅行業者。企画旅行を実施することはできない。業務範囲は、所属旅行業者と締結した旅行業者の範囲内となる。

①の第1種旅行業は観光庁長官の、②～⑤は各都道府県知事の登録を受けなくてはならない。また、インバウンドのランドオペレーターやツアーバスの手配業者など、新たに「旅行サービス手配業」の旅行業法における登録が義務付けられ、これも旅行会社の一つと言える。

【旅行会社の設立】

戦後すぐのころ、旅行会社創世記は机と電話があれば旅行会社ができると言わ

インバウンド
訪日外国人旅行または訪日外国人旅行者のこと。

ランドオペレーター
海外旅行を企画造成する旅行会社から依頼を受け、その旅行先の現地の交通機関、ホテル、ガイド、レストランなどの地上手配を専門に行う旅行会社のこと。

ツアーバス
旅行会社が貸切バスを借り上げて人員の輸送のみを行う募集型企画旅行商品。

旅行サービス手配業
2018年の旅行業法改正で対象となった、ランドオペレーターや手配業者の名称。

れていた。実際、多くの設備投資がなく、商品を仕入れ在庫にする必要もないことが旅行会社の特徴である。旅行会社の設立にあたっては、基本的には他の事業を行う会社と手続的には大きな違いはない。

しかし、目に見えない、形の無い商品を販売するので、消費者保護の観点から、登録制度がとられており旅行業登録をする必要がある。第1種旅行業登録を受けるためには、観光庁が、第2種旅行業登録・第3種旅行業登録・地域限定旅行業登録・旅行業者代理業登録を受けるためには、主たる営業所を管轄する都道府県が審査を行う。それぞれ、観光庁長官、都道府県知事の登録となる。

登録の条件として、まず「基準資産額」が一定額以上であること。第1種旅行業は3,000万円以上、第2種旅行業は700万円以上、第3種旅行業は300万円以上、地域限定旅行業は100万円以上である。旅行業者代理業については基準資産額がない。

次に、「営業保証金」を供託または「弁済業務保証金分担金」を納付しなければならない。旅行業務は比較的小さな設備で取り扱うことができるが、その取扱額は必ずしも少なくないので、旅行者の保護を図るため、法律により旅行業者に一定の金額を営業保証金として供託することを義務付けられている。

営業保証金は、第1種旅行業が7，000万円、第2種旅行業が1，100万円、第3種旅行業が300万円、地域限定旅行業が100万円で、法務局に供託する。旅行業協会に入会すると、営業保証金の5分の1に相当額となり、弁済業務保証金分担金を旅行業協会に納付する。第1種旅行業が1，400万円、第2種旅行業が220万円、第3種旅行業が60万円、地域限定旅行業が20万円となる。

さらに、「旅行業務取扱管理者」の選任が必要となる。営業所ごとに1人以上の旅行業務取扱管理者（常勤専任で就業）を選任しなければならない。旅行業務取扱管理者には「総合旅行業務取扱管理者」と「国内旅行業務取扱管理者」の2つの資格がある。海外旅行の企画・手配・実施・販売等を含む営業所では「総合旅行業務取扱管理者」の資格を有する取扱管理者の選任が必要となる。また、従業員数が10名以上の営業所には、2名以上の旅行業務取扱管理者の選任が求められている。

なお、2018年の旅行業法改正で、総合・国内と2種類だった管理者に、新たに「地域限定旅行業務取扱管理者」が創設され、複数営業所での兼任が禁止されていたが、一部解禁されることになった。

旅行業協会
日本旅行業協会（JATA）と全国旅行業協会（ANTA）がある。

旅行業務取扱管理者
旅行会社の営業所における顧客との旅行取引の責任者。国家試験である旅行業務取扱管理者試験に合格した者。

【営業形態による分類】

旅行会社は、その主な取扱業務によって次のように分類できる。なお、①～⑤は、販売対象を一般消費者をとした旅行会社（BtoC）であり、⑥～⑨は他の旅行会社をビジネスの対象とした旅行会社（BtoB）である。

①総合旅行会社

パッケージツアーの企画・実施から、個人旅行手配、団体旅行、教育旅行、インバウンドなど、すべての旅行販売、旅行営業をしている旅行会社。広範な地域に販売ネットワークを有する旅行会社が多い。ＪＴＢや近畿日本ツーリスト、Ｈ．Ｉ．Ｓ．などがこれにあたる。

②リテーラー

他社のパッケージツアーの販売や、個人手配旅行を主に取り扱う小売専門会社のことである。第３種旅行業者の多くはこのリテーラーである。広範囲に店舗ネットワークを持つものや、海外の特定地域のみを取り扱うものなどもある。

③メディア販売旅行会社

新聞広告や組織会員を通じて自社の企画実施する国内・海外のパッケージツアーをコールセンターと呼ばれる電話受付箇所にて販売する会社。

教育旅行
主に小学校・中学校・高校等の教育機関で実施される修学旅行、遠足・林間学校などの校外学習、海外への語学研修、部活動の合宿遠征など学校に係わる旅行を指す。

④インターネット販売旅行会社

国内旅行宿泊や海外旅行素材を中心に、インターネットの自社サイトのみで販売する会社。急速に取扱いを伸ばしている旅行会社である。楽天トラベルやじゃらんｎｅｔ、一休.ｃｏｍなどがこれにあたる。「ＯＴＡ」とも呼ばれる。

⑤インハウス

海外とのやり取りの多いメーカーや商社が、主に自社の社員の業務旅行の手配を業務とする会社。「インハウスエージェント」とも呼ばれる。

⑥ホールセラー

国内・海外のパッケージツアーを企画実施し、原則的には他の旅行会社に販売を委託する卸売専門会社。大手総合旅行会社や航空会社のホールセール部門として分社化された会社が多い。「ルックＪＴＢ」のＪＴＢワールドバケーションズ、「ジャルパック」のジャルパックなどである。

⑦ランドオペレーター

海外旅行の地上手配を行う会社。地上手配とは、宿泊、食事、観光、送迎、ガイド手配などのことである。旅行会社の依頼を受けて行う。「ツアーオペレーター」とも呼ばれることもある。

ＯＴＡ
Online Travel Agent の略、インターネット上だけで取引を行う旅行会社のこと。

⑧ディストリビューター

海外の航空座席や宿泊客室を旅行会社に卸売する会社。航空券と宿泊をセットしたユニット商品を販売するところもある。

⑨添乗員派遣会社

国内・海外のパッケージツアーや団体旅行の添乗員を旅行会社に派遣する会社。添乗員の多くは旅行会社の社員でなく、このような派遣会社に所属する「プロ添」とよばれる専門スタッフである。

【系列による分類】

旅行会社は、その資本系列や設立の背景から分類することができる。ＪＴＢ、日本旅行などの旧国鉄系、近畿日本ツーリストや阪急交通社などの私鉄系、ジャルパックやＡＮＡセールスの航空系。以下、物流系、流通系、マスコミ系、インハウス系、独立系、外資系などに分類することができる。

例えば、私鉄系であればもともとは私鉄沿線の観光地への送客が目的で設立された。航空系であれば自社航空利用のツアー商品の造成、流通系であれば顧客サービスのための品揃え、マスコミ系であれば自社媒体を活用した集客が目的であっ

プロ添
プロの添乗員の略称。添乗員専門でやっている専門職。通常、添乗員派遣会社に所属する。旅行会社の営業社員が添乗する場合は「社員添乗員」と言う。

た。しかし今日では、設立当初の目的は希薄になり、一般の旅行者の獲得がメインとなり、それぞれの特色は薄れてきている。

【世界基準による分類】

①伝統的旅行会社（TTA：Traditional Travel Agency）

従来型の旅行会社のこと。店舗を通じた旅行商品の販売を行う旅行会社。日本においては、一般の人が認知しているほとんどの旅行会社がこれにあたる。規模の大きい旅行会社はオンライン旅行販売も並行して行っている。

②オンライン旅行会社（OTA：Online Travel Agency）

オンライン旅行販売に特化した旅行会社。２０１０年代に旅行ビジネスの主要プレイヤーとなってきている。世界的には、エクスペディアとブッキング・ホールディングスの両グループがこの分野の代表的企業となっている。日本においては、楽天トラベル、じゃらんｎｅｔなどが有名。

③ビジネストラベルマネジメント（BTM：Business Travel Management）

企業の出張業務を一元的に受注・管理し、出張費用の削減、経費管理、危機管理などのサービスの提供に特化した旅行会社。企業活動のグローバル化に伴

エクスペディア・グループ
世界規模で旅行に関するオンラインサービスを提供する、アメリカの世界最大級のOTAグループ。各言語版の「エクスペディア」を運営するほか、ホテルズドットコム、トリバゴ、ホームアウェイなどが傘下にある。

ブッキング・ホールディングス
世界規模で旅行に関するオンラインサービスを提供する、アメリカの世界最大級のOTAグループ。2018年2月、プライスライン・グループより改称した。ブッキングドットコム、プライスラインドットコム、カヤック、アゴダなどが傘下にある。

い欧米を中心に広がっている事業形態。世界的には、アメリカン・エキスプレスやカールソン・ワゴンリー・トラベルなどが代表的企業となっている。日本の旅行会社も提携している。

■旅行会社ランキング

２０１６年度の旅行会社ランキングをみると今日の旅行会社のあり方が見えてくる。

21頁にある表の日本の旅行会社の旅行取扱額ランキングをみると、ＪＴＢの圧倒的な強さが見える。旅行業界のガリバーと言われているのも頷ける。２位は店舗を持たないＯＴＡの楽天であり、既存の大手旅行会社をすでに抜いて、ＪＴＢの次に位置している。Ｈ．Ｉ．Ｓ．は海外旅行だけを見ると他を離して２位になっている。専業のホールセラー３社がトップ10入りしているのも注目される。日本においてのパッケージツアーの位置付けが理解できる。日本の旅行業界をＪＴＢと共に牽引してきた、近畿日本ツーリスト、日本旅行、阪急交通社そして東武トップツアーズがまだまだ頑張っているのがとても嬉しい。

表の世界の旅行取扱額ランキングをみると、グローバルな社会での旅行会社が見えてくる。様々なビジネス形態を持つ世界の旅行会社を正確に順位化するのは困難で、参考に見ていただけるとありがたい。1、2位は圧倒的な強さで世界規模のOTAが並んでいる。国境を超えて展開するインターネットビジネスのパワーが感じられる。アメリカン・エキスプレス、トーマス・クックは歴史のある総合旅行会社であるとともに、金融業であり、巨大レジャー産業でもある。TUIは、ヨーロッパ各地にホテル、航空、クルーズ、小売店など多数の子会社を持っている。また、BTMや旅行会社向けサービスを提供する旅行会社の巨大さも分かる。

随分昔のことになるが、トーマス・クック、アメリカン・エキスプレス、そしてJTBが世界三大旅行会社と言われていた頃が懐かしい。

旅行会社の話を始めると、案外ややこしい。分かってもらいたいことは、旅行会社は、旅行を実際にする旅行者、消費者と旅行サービスを提供するサプライヤーのために存在している。観光立国を宣言した日本においては、国のために存在すると言っても嘘ではないし、地方創生が叫ばれる中においては地域のために存在するとも言える。しかし、そのビジネスモデルは時代と共に劇的に変化してきている。

地方創生
国内の各地域・地方が、それぞれの特徴を活かした自律的で持続的な魅力あふれる地域をつくること。観光、農業、科学技術など様々な起点が想定されている。

日本の旅行会社の旅行取扱額ランキング（2016年度）

順位	会社名	国内旅行取扱額(千円)	海外旅行取扱額(千円)	外国人旅行取扱額(千円)	取扱額合計(千円)
1	ジェイティービー（15社計）	977,226,153	413,987,847	85,914,609	1,477,128,609
2	楽天	514,133,272	33,357,597	9,362,033	556,852,902
3	KNT-CT ホールディングス(8社計)	323,522,918	139,544,497	20,008,244	483,075,659
4	エイチ・アイ・エス（5社計）	58,650,887	355,289,930	24,946,686	438,887,503
5	日本旅行	274,325,070	116,645,394	35,811,346	426,781,810
6	阪急交通社	129,006,816	186,991,207	2,752,433	318,750,456
7	ＪＴＢワールドバケーションズ	0	204,771,026	0	204,771,026
8	ANA セールス	174,010,447	20,521,408	1,269,234	195,801,089
9	ジャルパック	125,709,985	53,929,589	33,243	179,672,817
10	東武トップツアーズ	101,779,815	30,966,377	6,334,129	139,080,321

出典：観光庁

世界の旅行会社の旅行取扱額（2016年）

順位	会社名	取扱額(米ドル)	会社説明
1	Expedia Inc.（米）	724億	世界最大のＯＴＡ、ホテルズドットコム・トリバゴ等を含む
2	The Priceline Group（米）	681億	世界的規模ＯＴＡ、ブッキングドットコム・アゴダ等を含む
3	American Express（米）	321億	旅行業のほか、クレジットカード事業等を含む
4	BCD Travel（オランダ）	246億	法人むけの旅行業管理サービスを提供する会社
5	Carlson Wagonlit Travel（米）	224億	世界最大のBTM
6	TUI（独）	202億	世界規模の総合旅行会社、EU域内をメインに展開
7	Flight Centre Travel（豪）	153億	旅行会社向けサービスを提供する会社
8	ジェイティービー（日本）	120億	日本最大の総合旅行会社
9	Thomas Cook（英）	108億	世界的規模の総合旅行会社、世界有数のレジャーグループ
10	エイチ・アイ・エス（日本）	48億	海外旅行に強い日本の総合旅行会社

出典：観光庁、Travel Weekly、各社年次報告

※楽天のような総合小売型は除く、為替は２０１６年度のおおよその平均レート

※ The Priceline Group は 2018年ブッキング・ホールディングスに改称した。

※ジェイティービーは 2018年ＪＴＢに改称した。

旅行会社はおそらく、それぞれの時代の様々なニーズと新たに生み出されてきた販売手法によって、誕生し成長してきたのだと考えている。当然のように変化する時代の中で、次々に新しい旅行会社が登場し、新しいビジネスモデルで市場にアプローチしてきた。時代の変化についていけない旅行会社は淘汰されていった。それでも、「百年食堂」「百年旅館」ではないが、100年以上の歴史を持つ旅行会社が日本には2社存在する。どのような時代に、どんな旅行会社が、どんな背景で、どんな理由で、どんな人たちによって誕生したのかを知りたいと思った。

それを多くの人に伝えることは、旅行会社に長く勤務し、大学で観光を研究し、学生に観光を教え次世代の観光人財を育成しようなどと言う大それた仕事をしている筆者の使命と感じ、いわば同胞である大阪観光大学の中村忠司先生と本書を企画、執筆することになった。

本書が、これからの旅行会社のこと、そして旅行の仕方を考えるきっかけになったら幸いである。

2018年5月

安田亘宏

旅行会社物語◎目次

Ⅰ　旅行会社のルーツ

旅は人類の誕生とともに発生したと考えられる。それはより良い生存環境、つまり食料を求めての狩猟や採集の移動の旅であった。つまり、人類の歴史、約300万年のほとんどは「食べるがための旅」であったと言える。

農業が定着し人類は定住をはじめ、村ができ国ができると一般庶民は旅に出ることはなくなった。一般庶民が旅するのは、租税を運搬する旅、役務に赴任する旅、参詣や布教のための宗教的な旅、行商や交易の旅などわずかであった。いずれも、今日の観光旅行のような楽しみを目的とした旅ではない。また、その頃の旅は、交通手段や宿泊施設が整っておらず、食事も自給自足になる厳しく、苦難やときには危険の伴うものであった。

日本の観光の歴史を一般庶民の視点で、観光サービスの側面から時代区分すると、次のようになる。

①苦難を伴う旅の時代（中世以前）

宿泊、食事を自ら確保しながら未整備の道を行く苦難を伴う旅の時代で、観光に伴うサービスの提供がほとんどなかった時代。

②旅を楽しみ始める時代（江戸時代）

街道が整備され、宿屋や食堂・茶屋などができ宿泊・飲食などの観光サービスが提供され始めた時代で、制限はあったものの庶民が楽しみのために旅をするようになった時代。

③自由に旅を楽しむ時代（明治～昭和戦前）

明治期になると、庶民が自由に何処へでも旅行ができるようになる。関所が廃止され、さらに鉄道の開通がその自由度、範囲、快適性を驚異的に拡大した。宿泊施設、飲食施設も充実し、それら観光サービスも拡大した。旅行をより快適にする旅行会社も誕生する。しかし、誰もがレジャーとしての旅を楽しむ時代ではなかった。

観光サービス
旅行者が様々な観光行動の過程において、その欲求に対応した財やサービスを提供する活動のことである。「モノ」を提供することより、サービスなどの形の無い「コト」を提供する場面が多い。

街道
7世紀最初の律令国家である大和朝廷によって駅伝制が成立し、初めて街道が整備される。江戸期に入り、参勤交代が制度化され五街道をはじめとした街道や宿駅の整備が急速に進んだ。

④誰もがレジャーとしての旅を楽しむ時代（昭和戦後～現在）

戦後、苦難の時期があったが、その後日本の観光は経済発展を背景に飛躍的に発展する。個人所得の増大、余暇の拡大、遊びに対する価値観の変化が大きく影響した。旅行を企画手配する旅行会社の増加など観光サービスが充実、多様化し誰でもが安心して快適な旅ができるようになり、旅が生活の一部となっていった。多くの人が気軽に海外旅行にも出かける時代になる。

近代的な旅行会社が日本に誕生するのは、③の明治期まで待たなければならないが、①の時代にも困難な旅を世話するサービスが誕生していた。②の江戸期には庶民の旅の楽しみを全面的に演出する旅行サービスが広く利用されていた。

楽しみを求めて行う自発的な旅を始めたのは平安時代の貴族たちであった。院政期の法皇や上皇の度重なる熊野御幸《くまのごこう》をきっかけとして起こった熊野詣《くまのもうで》ブームに登場するのが、熊野の先達《せんだつ》である。先達は信仰のための旅の動機付けをし、難所の多い参詣道の道案内をする役割を担った。今日の添乗員のルーツと言われている。さらに、時代が進み江戸期になると、庶民の旅が盛んになる。伊勢参りがその代表格で、その庶民の旅の実現には伊勢神宮の御師《おんし》が登場する。まさに今日の旅行会社のルーツと言っていい活躍ぶりであった。

1 熊野詣の先達

――添乗員のルーツ（平安末期）

熊野への参詣の旅は熊野詣と言われ。紀伊国（和歌山県）の熊野の本宮、新宮、那智の熊野三山に参詣することを言い、907年（延喜7）の宇多《うだ》法皇から始まったとされ，特に院政期の白河《しらかわ》上皇から後鳥羽《ごとば》上皇までの間は盛んに行われていた。熊野への路には紀伊路と伊勢路の2つがあったがいずれも難路であった。この熊野詣に重要な役割を果たしたのが「先達」と「御師《おし》」である。

■熊野詣で活躍する先達

楽しみを求めて行う自発的な旅を始めたのは平安時代の貴族たちである。熊野への寺社参詣や有馬温泉などへの湯治の旅であった。特に熊野詣は当時ブームともなった。

白河上皇の熊野御幸によって熊野詣が広く知られるようになると、先達と呼ばれる山岳修験者たちが全国に散ってその霊験を語り、それを聞いて信徒になった

湯治
温泉地に長期間逗留して、入浴・飲泉して病気を治療すること。古代より行われていたが、古くは権力者に限った楽しみだったが、江戸期になると庶民の楽しみとなった。

人たちが熊野を目指すようになった。先達は信仰のための旅の動機付けをするだけでなく、難所の多い参詣道の道案内をする役割を担った。熊野詣に来た信徒たちは、御師が経営する宿坊に泊まり、参詣の案内や祈祷を受けた。つまり、先達は旅行会社の営業マン兼添乗員であり、御師がホテルや旅館兼現地ガイドだった。特に、熊野は辺境の山岳地帯にあるので同行する道案内は誰にとっても必要不可欠で、この道案内役を勤めた先達は、まさに今日でいう添乗員、ツアーコンダクターであった。我が国において観光サービスの始まりとも言える。

■院政期に起こった熊野詣ブーム

熊野は、院政期の法皇や上皇の度重なる熊野御幸をきっかけとして日本国中の人々に知られるようになり、平安時代には主に法皇や上皇などの皇族、貴族や女官が参詣し、その後、上下貴賤男女を問わず大勢の人々が訪れるようになる。

熊野三山とは、熊野にある本宮、新宮、那智の三山を指し、熊野本宮大社の主祭神の家津御子大神《けつみこのおおかみ》は来世を救済する阿弥陀如来、熊野速玉大社の熊野速玉大《くまのはやたまのおお》神《かみ》は過去世を救済する薬師如来、熊野那智大社の熊野夫須美大神《くまのふすみのおおかみ》は現世を救済し利益を司る千手観音の権現とされ強い信仰の対象となっていた。また、那智山青《せい》

ツアーコンダクター
旅行会社のパッケージツアーや団体旅行に同行し、ツアーが計画通りに安全かつ円滑に実施されるように旅程管理業務を行う者。添乗員、ツアコン、ツアーエスコート、ツアーリーダーとも呼ばれる。

岸渡寺《がんとじ》は西国三十三ヶ所巡りの第一番札所として篤く信仰されていた。

熊野の名が広く知られるようになるのは、上皇による熊野御幸が行われるようになってからだが、「御幸」とは上皇・法皇・女院の外出のことで、天皇の外出は「行幸《ぎょうこう》」という。熊野を初めて詣でた上皇は宇多法皇で、907年（延喜7）のこと。それから80年ほど間をおいて、今度は花山《かざん》法皇が991年（正暦2）に詣でている。しかし、どちらの熊野御幸も1回だったため、熊野信仰がブームにはならなかった。そのほぼ100年後、1090年（寛治4）、白河上皇が熊野を詣で、9回もの熊野御幸を行っている。この白河上皇の度重なる熊野御幸が、熊野詣の熱狂的なブームをつくるきっかけとなる。

以降、各上皇が熊野御幸を行っている。特に、鳥羽《とば》上皇は21回、後白河《ごしらかわ》上皇も30回を超える、907年の宇多法皇から1281年（弘安4年）の亀山《かめやま》上皇までの374年の間におよそ100回の上皇による熊野御幸が行われたことになる。

これだけ多くの熊野御幸があったが、天皇が熊野を参詣したことは1度もない。天皇は日々の公務に多忙を極め、往復1ヶ月以上かかる熊野詣のような長期間を旅することは難しかったと考えられている。熊野詣は、権力と富だけでなく行動の自由を手に入れた上皇だったからこそ可能だったようだ。

西国三十三ヶ所
近畿2府4県と岐阜県に所在する33ヶ所の観音信仰の霊場のこと。これらの霊場を札所とした巡礼は日本で最も歴史がある巡礼である。今日も多くの参拝者が訪れている。

■熊野古道を歩く

熊野詣へは、今日熊野古道と呼ばれる道を歩いていく。熊野古道とは、熊野と各地を結ぶ熊野詣の道の総称で、「熊野道」「熊野街道」「熊野参詣道」などとも呼ばれる。熊野詣の道にはいくつかのルートがあり、その中で大阪と熊野を結ぶ紀伊路、伊勢と熊野を結ぶ伊勢路の二つの道が一般的なルートであった。

熊野古道には、紀伊路と伊勢路の他に、田辺から熊野本宮に向かう中辺路《なかへち》、田辺から海岸線沿いに那智、新宮へ向かう大辺路《おおへち》、高野山から熊野本宮へ向かう小《こ》辺路《へち》、吉野から大峰山脈を縦走する行者道を行く大峰奥駈道《おおみねおくがけみち》などがあった。これらの多くは、2000年に「熊野参詣道」として国の史跡に指定され、2004年には「紀伊山地の霊場と参詣道」の一部としてユネスコの世界文化遺産として登録された。

■道中の先達の役割

平安期の上皇、女院、貴族あるいは武士たちが熊野を詣でるのに、最も利用されたのが紀伊路の中辺路ルートであった。紀伊路は熊野の玄関口である田辺で、海岸をたどる大辺路と山中を東に分け入る中辺路に別れる。

紀伊山地の霊場と参詣道　和歌山県・奈良県・三重県にまたがる3つの霊場と参詣道を登録対象とする世界文化遺産。日本の世界遺産で初めて道が登録され、「文化的景観」も初めて評価された。

京から熊野までは、このルートを利用すると、往復約1ヶ月、距離にして往復約600㎞の道のりとなる。辺境の山岳地帯にある熊野へ詣でることは都人にとってまさしく苦行の旅であった。その苦しみに耐えながら詣でるからこそ、熊野の神様の御利益があるのだと信じられていた。そのため、徒歩で行くことが原則であった。

京都を出発した上皇や貴族たちは、船に乗って淀川を下り、現在の大阪市天満橋の辺りで上陸し、そこからが熊野古道紀伊路の始まりとなる。天満橋から海岸筋を通り、熊野の玄関口、田辺まで南下する。田辺からは中辺路の山中の道を本宮へ向かう。本宮からは熊野川を船で下り、熊野川河口にある新宮に詣でる。新宮からは再び徒歩で海岸線沿いを辿り、それから那智川に沿って那智に登っていく。那智からの帰途は、再び新宮を経、熊野川を遡行するか、あるいは大雲取越え、小雲取越えの険路を越えるかして本宮に戻り、再び中辺路を通って都に帰っていく。

その長い厳しい道中を道案内するのが、先達の大きな仕事である。また、道案内だけではなく道中の作法の指導も行った。熊野詣は出発に先立って精進儀礼が行われる。熊野詣を志す者は精進屋に数日間籠って精進潔斎しなければならなかった。肉や魚、ネギ、ニラ、ニンニクなどの匂いのする野菜などを断ち、行動や言葉を慎み、身を清め、道中の加護を祈願し、先達の指導のもと参詣者は熊野を目指して出発する。

参詣者は道中でも精進潔斎の生活を続けていく。先達の指導のもとに、祓《はらえ》や、海辺や川辺では冷水を浴びて身心を清める垢離《こり》が行われる。参詣者は出発の際に先達から与えられた杖をついて、一歩一歩、熊野へと険しい道を歩んでいく。熊野は浄土の地であるので、熊野に入るには様々な修行と儀式を経ていかなくてはならない。先達は、単に道案内をするだけでなく、これらの宗教的な作法や儀礼、儀式を指導しつつ、道中の宿や食事の手配もしていた。まさに、高度専門知識を持ったツアーコンダクターであった。

■その後も続く熊野詣ブーム

その後、熊野三山への参詣者は日本各地で先達によって組織され、檀那あるいは道者として熊野三山を詣で、三山各地で契約を結んだ御師に宿舎を提供され、祈祷を受け、山内を案内された。先達は、旅行会社の営業マンとしての役割も果たし、各地で熊野の霊験を語り続けた。

熊野詣は、室町期、鎌倉期になると武士や庶民が参詣するようになる。そのブームは続き、切れ間なく旅人の行列ができた様子から「蟻の熊野詣」とまで称されるようになる。江戸期になると、信仰心の篤さを「伊勢に七度《ななたび》」「熊野へ三《さん》度《ど》」と表現したように、広く庶民が「伊勢参り」と「熊野詣」を行うようになった。熊野古道の伊勢路は、伊勢神宮と熊野速玉大社を結ぶ参詣道で、熊野三山を詣でる紀伊半島東回りの道である。伊勢参りを終えた旅人や、西国三十三ヶ所への巡礼者が歩んだこの道は、江戸期に伊勢参りが隆盛したことにより、数多くの旅人が歩くことになる。

１９０６年に布告された「神社合祀令」により熊野古道周辺の神社の数は激減し、熊野詣の風習もほとんどなくなり、先達も姿を消した。熊野古道自体は、大正から昭和にかけて国道が整備されるまで、周囲の生活道路として使用され続けられた。

先達が上皇や貴人たちを導き歩いた参詣道は、現在、世界文化遺産熊野古道として、癒しと健康をテーマにしたヘルスツーリズムのメッカとして、またパワースポットして注目され、多くの旅人が楽しめる観光ルートとして整備されている。

ヘルスツーリズム
自然豊かな地域を訪れ、医学的、科学的、心理学的な根拠に基づき健康回復や維持、増進を目的とする旅行・観光のこと。

パワースポット
大地のエネルギーが溢れている場所、とり入れる場所のこと。観光スポットになっている場所も多い。

2 伊勢参りの御師
——元祖旅行会社
（江戸時代）

江戸期、伊勢参りは年間数十万人、多いときは100万人以上の庶民が経験をしていた。当時の日本の人口が2，000万人程度と推計され、およそ20人に1人は伊勢参りをしていたことになる。その伊勢参りのブームを作り上げ、全国に広めていったのが、伊勢神宮の「御師《おんし》」である。日本の元祖旅行業、旅行会社のルーツと呼ばれている。

■御師が活躍する旅行大国日本

一般庶民が旅に出るのは、江戸中期以降である。庶民が居住地を離れる際には関所を通過するための「通行手形」が必要であった。当時、制度的には庶民にとって楽しみを目的とした旅は存在しなかった。しかし、庶民も信仰を目的とした神社仏閣への参詣の旅と、病気治療を目的とした湯治の旅は許され盛んに行われていた。世界的にみると、この江戸時代の日本は「世界に冠たる旅行大国」であっ

通行手形
江戸期の日本で旅をしようとするときに、許可を得て旅行していることを証明した物。許可の証として旅行中所持していることを義務付けられた。現代の通行証やパスポートに似ている。

たと言われている。

信仰を大義とした寺社詣では盛んに行われており、伊勢神宮、成田山、富士山、熊野、善光寺、金毘羅宮などへの参詣が一般化していた。もちろん、参詣だけをしに行くわけではなく、せっかく旅に出たからと言って、西国の人は江戸、日光、平泉などへ、東国の人は京都、奈良、大阪さらには九州までも足を延ばしていたという。

特に、伊勢参りはブームともなっていた。その伊勢参りの旅行需要を創出し、その巨大な旅行需要を吸収していたのが、伊勢神宮の「御師」である。世界で旅行業の創始者と言われるイギリスのトーマス・クックが始動するのは19世紀半ばのことである。その100年以上前から、伊勢神宮の御師が大量の団体旅行を取り扱って活躍していたのである。

御師とは、「おし」と読み、特定の寺社に所属して、その社寺へ参詣者を案内し、参拝・宿泊などの世話をする者のことである。御師は御祈祷師《おんきとうし》、あるいは御《おん》詔刀師《のっとし》を略したもので、平安時代のころから神社に所属する社僧を指すようになり、後に神社の参詣の世話をする神職を指すようになった。平安時代の御師の代表例は熊野三山の熊野御師である。鎌倉時代から室町時代初期にかけては、伊勢

トーマス・クック
Thomas Cook. 1808年－1892年。イギリスダービーシャー州出身の実業家。団体旅行・パッケージツアーを創始。自らの名前を冠した旅行会社であるトーマス・クック・グループの創業者、近代ツーリズムの祖と言われる。

神宮、富士講、白山、大山、出雲大社などの御師が活躍した。この時期の御師は専ら貴族、武士の参拝の世話をしていた神職である。

伊勢神宮の御師は「おんし」と読む。江戸期になり、経済の安定により庶民の間で寺社詣が盛んになると、神職の性格が後退し商業的活動が中心になってくる。神宮との組織的な関係を断ち、独立して参詣者の集客・斡旋をするようになる。全国的に師檀関係、すなわち御師と檀家の関係を組織化して、参詣者の旅を企画・斡旋することに特化していった。江戸中期、伊勢には600～700の御師がいたと言う、彼らの「檀家帳」から、全国に信者数は1,700万人以上で、当時の日本人全体の7～8割に相当する驚くべき数字である。

■御師の営業活動と伊勢講

江戸中期には伊勢参りは一生に一度はすべきものと、庶民の中で位置付けられていた。しかし、数十日かかる旅なので費用がかさみ容易に実現できなかった。そのため、旅行費用の積立てにあたる「講」という組織が作られた。講というのは、そもそもは、一つの目的をもって組織された集団のことで、経済的な相互扶助を目的とした「頼母子講《たのもしこう》」、大工などの職能組合である「太子講」など様々な講があった。伊勢参宮を目的とした講は「伊勢講」と呼ばれ、最も盛んな講であった。寺社詣でのための講としては、他に「富士講」「御嶽講」などが有名である。

講のまとめ役が「講頭（講親）」と呼ばれ、参加者は「講員」である。彼らは毎月積立てを行う。毎月当番の家に集まり飲食を共にし、伊勢参りの計画を立てる。積立金が満期になるといよいよ伊勢参りの実施となる。積立金の高により、講員全員が伊勢参りをする「総参講」、抽選などで伊勢参りをする人を決める「代参」などがあった。代参の場合、伊勢参りを済ませた人も、他のすべての講員が伊勢参りを済ませるまでは掛け金を払い続けなければならない。この「講」の仕組みは庶民に瞬く間に浸透し伊勢参りへの参詣者を爆発的に増やすことになる。今日の旅行会社が主催する積立旅行、旅行積立システムの原型とも言える

この講の組織、仕組みを仕掛けたのが御師である。各有力寺社に御師は多数いたが、伊勢神宮の御師によって組織化された「伊勢講」は全国に広がった。伊勢御師には、全国にそれぞれの檀那場と呼ばれる持ち場があり、その檀那場内の檀家や伊勢講を御師やその手代が定期的に訪れていた。伊勢参りの旅のセールス活動である。彼らは、信仰を説き、伊勢参りについて解説し、伊勢講の仕組みを指導した。そして、神宮の大麻（神札）、伊勢暦や櫛《くし》、簪《かんざし》、白粉《おしろい》などといった伊勢

旅行積立システム
旅行会社や航空会社に、旅行資金として毎月（ボーナス・一括・自由）一定の金額を積立て、満期時にサービス額がプラスされ原則旅行券が受け取れるシステム。

の特産物を配布するとともに、初穂料を回収した。特に、伊勢暦は、農業に係わる記述に加え、日々の吉凶も記されていることから、広く庶民に重宝がられた。また、地方の人々にとっては、様々な物品をもたらし、見知らぬ土地の話を聞かせてくれる御師やその手代の訪問を楽しみにし、手厚くもてなしたという。こうして御師は、檀家との関係、すなわち師檀関係を深め、檀那場の人々の伊勢参りの旅を一括世話することになる。

■伊勢参りの道中

積立金が貯まると、いよいよ伊勢参りへ旅立つ。御師の活躍と直接関係はないが、この頃の旅は、今日とは比較はできないものの案外楽しいものであったようだ。それは、十返舎一九の滑稽本『東海道中膝栗毛』を読めば分かる。主人公の弥次郎兵衛と喜多八が、伊勢参りを思い立ち、東海道を江戸から伊勢神宮へ、さらに京都、大阪へと巡る旅を描いている。各地の名物など旅を楽しんでいる様子が生き生きと表現されている。

江戸期において旅を容易にし、快適にしたのは宿泊施設と飲食施設の発展である。参勤交代の制度化により、五街道をはじめとした道路や宿場町の整備が急速

十返舎一九
（じっぺんしゃ いっく）
1765年―1831年。駿河国府中（現・静岡市）で生まれた。江戸時代後期の戯作者、絵師。日本初の職業作家とも言われる。『膝栗毛』の続編を書き継ぎ、頻繁に取材旅行に出かけた。

にすすめられ、宿場町に宿屋や食堂、茶屋ができた。

宿場町には、勅使や参勤交代で往来する大名などの休泊する「本陣」「脇本陣」、旗本より身分の低い武士と一般庶民が利用する「旅籠《はたご》」「木賃宿《きちんやど》」などがつくられた。旅籠は、一泊二食が基本で、夕食は一汁二菜（四器一膳）か、一汁三菜（五器一膳）、朝食は一汁二菜であった。当時の庶民の日常食は一汁一菜が普通であったので少し贅沢な食事が提供されていたと言える。木賃宿は、安価な宿賃で旅人を宿泊させ、大部屋で自炊が原則の宿泊施設である。快適とはいえないかもしれないが庶民も宿を自由に利用できるようになった。

また、宿だけではなく、料亭や茶屋などの飲食施設も作られていた。東海道五十三次には、「鞠子《まりこ》」のとろろ汁、「二川《ふたがわ》」の柏餅、「品川」の穴子茶漬け、「大津」の源五郎鮒など、多彩な名物が登場している。

このように楽しむ旅が盛んに行われていた江戸期には、すでに旅行ガイドブックが発行され、庶民にも普及していた。17世紀半ばに浅井了意《あさいりょうい》によって出版された『東海道名所記』は、東海道の各地の風俗、歴史、名所旧跡などの案内、宿駅の情報などが記され、旅行ガイドブックとして多くの旅する人に利用された。他にも数多くの名所記や道中記が出回っていた。前述の『東海道中膝栗毛』は、

一泊二食　宿泊に夕食と朝食が付くこと。今日の旅館はこの旅籠の制度を踏襲していると言われる。今日、一泊朝食、泊食分離なども試行されている。

いわば小説であるが、伊勢参りのガイドブックとしての価値も高かったようだ。

■御師の館での饗応

そんな旅文化が形成されていた中で、伊勢御師は、伊勢講の世話をし、伊勢参りの道中の宿泊の手配し、時に付き添いをした。まさに今日の旅行会社の営業であり、手配業務であり、添乗業務であり、ガイド業務を組織的にこなしていた。

檀家の一行は、御師の手配による道中を楽しみながら、「御師の館」に到着する。御師の館とは、御師の自宅、屋敷であり、参詣者が伊勢滞在中に宿泊する宿屋である。檀家が世話をしてくれる御師の館に宿泊するのは決まりごとになっていた。多くの御師の家は、館と呼ぶに相応しく、荘厳で入母屋造り本瓦葺、門には鯱鉾がそびえ、見事な松を配した玄関に、梅や桜などが植えられた庭園もあった。屋内の座敷は豪華絢爛で、どの館にも屋敷の奥まったところに神楽殿が配置されていた。

御師や伊勢講によりその対応の仕方の違いはあったようだが、この御師の館に3日間程滞在するのが一般的であった。伊勢講の一行は豪華な玄関からまずは大広間に通される。恭しい出迎えを受け、歓迎の宴に相応しい饗応がなされる。本

神楽殿
神社の境内に設けて神楽を奏し、祈願を行う建物・楽殿。

膳、二の膳、三の膳付きで、鯛や伊勢エビ、灘の生一本、菓子まで付く豪華料理が振舞われる。風呂上がりの夜着は羽二重、布団は絹布団が用意されている。庶民である伊勢講の一行には経験したことのない夢のような一夜を迎える。

翌日の朝食も本膳形式で、昼食もさらに目を見張る御馳走が並ぶ。御師やその手代から、参拝の作法を教えてもらい、豊受大御神《とようけのおおみかみ》が祀られている外宮を先に参拝し天照大御神《あまてらすおおみかみ》が祀られている本殿の内宮へ向かい参拝する。また、二見が浦など伊勢の名所や歓楽街も案内してもらう。

いよいよ、祈祷の神楽を御師の館の神楽殿で奉納することになる。一行は裃も袴を借り、着衣を改めて神楽殿に向かう。神楽殿には大太鼓が置かれ、女性の舞人や童女が10人ほど、烏帽子を被り、鼓などを持って座す男性の楽人が数十名待機している。鼓と謡、舞が奉納され、講中の五穀豊穣、家内安全などを祈祷する。神楽が済むと直会があり、神楽殿は閉ざされ、引き続き座敷を替えてまた饗宴となる。

祈願主の神楽料によって大神楽・中神楽・小神楽の区別があり舞人、楽人の人数が変わり、神楽の内容も変わる。大神楽は2時間以上もかかる大がかりなもので神楽料も大変な額になる。

直会
なおらい、と読む。神社において祭祀の最後に、神事に参加したもの一同で共に神酒を飲み、共に神饌を食する行事。神事終了後の宴会を指すこともある。

御師の館に泊まる檀家は、宿泊料という名目のものはなかったが、御供料、神楽料、神馬料を払うのが習わしだった。当然宿泊料、飲食料は御供料に含まれていた。これらはすべて御師の収入になり、伊勢神宮とは関係が無く、神宮への報告や上納する義務はなかった。

■御師による顧客管理

庶民にとっては相当な御供料、神楽料や祝儀を支払うことになるが、檀家の人々は満足感を得、ありがたがり帰路に就くことになる。彼らは一生に一度のイベントになり、今日でいうリピーターとなることは稀であるが、御師は手を抜かずに、檀家の一行に対して伊勢滞在中、飽きさせないもてなしと徹底したサービスを提供した。それは、庶民の真摯な伊勢信仰に対する相応のもてなしであり、日々変わることのない暮らしときつい仕事に追われている庶民に生きる張り合いを与える御師の務めであった。一方、今日でいう良好な口コミをつくりだす仕掛けでもあった。伊勢参りに来た檀家たちは地元に帰り、伊勢参りの素晴らしさを多くの人に吹聴したことは想像に難くない。その結果は、次回、またその次の集客につながる。夢を売り、豊かな時間を演出する役割と共に次のビジネスを作り続ける

口コミ
「口頭でのコミュニケーション」の略と言われている。友人、知人、他人など消費者同士の情報交換のこと。メディアの発達していない江戸期には特に影響度が大きかった。

今日の旅行会社の姿に似ている。

御師は、旅行会社であり、添乗員であり、ガイドであり、また宿泊、食事という観光サービスを一手に担っていた。言ってみると自前の宿泊施設を持っている旅行会社であった。そして、客を待つだけでなく、遠いところまで定期的にセールスし、伊勢講を指導し、顧客管理を徹底した。まさに、「総合旅行会社」の元祖と言っていい。江戸期にこのシステムを完成させていた伊勢御師には脱帽せざるを得ない。

勿論、伊勢御師はビジネスだけではなく、信頼や尊敬といった神々に対する庶民の心を育て、伊勢神宮への参詣客を集めていた。この伊勢御師の活動があったからこそ、庶民は伊勢神宮に祀られる神々を、日本国民の総氏神や衣食住の神と信じるようになり、「お伊勢さん」と親しまれるようになったとも思える。

明治に入ると、御師活動は政府によって事実上禁止され、御師職も廃止になった。

Ⅱ　旅行会社の誕生

世界最初の旅行会社はイギリスに起こる。近代ツーリズムの祖、旅行業の創始者と呼ばれるトーマス・クック（Thomas Cook）によるものである。

1825年、イギリスで世界初の蒸気機関車を利用した商用鉄道が開業した。1840年代には鉄道が代表的な陸上交通手段となっていた。1841年、クックは禁酒運動大会への旅を当時高価だった鉄道を貸し切り列車とし割安料金で仕入れ、570名ほどの参加者を得て実施した。列車手配だけではなく昼食や現地での娯楽などの提供も行い成功裏におさめた。現在の団体旅行、パッケージツアーの原型となった。これを機会に旅行会社として営業を始め、多くの団体旅行や海外旅行を手掛けた。これが近代ツーリズムの確立とされる。その後、鉄道時刻表やトラベラーズチェックの取り扱いなども開始し、世界的なネットワークを持つ旅行会社に成長する。1872年にはクック自らが添乗し世界一周旅行を行い、日本にも立ち寄っている。所有者や経営形態は変わっているが、トーマス・クック・グループは現在も世界的な規模を持つ旅行会社としてその存在を示している。

アメリカにも旅行会社が誕生する。アメリカン・エキスプレス（American Express Company）である。今日では、旅行会社と言うよりも、トラベラーズチェックやクレジットカードで知られている。略称は「アメックス（Amex）」が定着している。

1850年に、ヘンリー・ウェルズとウィリアム・ファーゴ、ジョン・バターフィールドの3人によって、荷馬車、幌馬車により貨物を運ぶ宅配便業者として事業を開始した。アメリカン・エキスプレスは、「スピード」と「安全性」で顧客の満足度を高めることを目指した。ゴールドラッシュに沸くアメリカで、業態を変化させながら、時代を先駆けるサービスを提供し続けてきた。事業は好調に拡大し、輸送網を全米だけでなく隣国のカナダやメキシコにも広げた。

1882年に、世界で初めて郵便為替業務を開始し、金融業にも参入した。さらに海外へ渡航するアメリカ人の急増を受けて旅行業にも進出し、1891年には海外渡航者向けの小切手をトーマス・クックに続き世界2番目に発行する。その後は、

トーマス・クック・グループ
Thomas Cook Group plc. イギリスの総合旅行会社グループ。グループの実質的な本部は、ロンドン。現在は、旅行会社、航空会社、ホテルなど旅行における様々な分野に進出している世界有数のレジャートラベルグループ。

アメリカン・エキスプレス
American Express Company. アメリカを中心に、旅行業やトラベラーズチェック、クレジットカード事業、銀行事業、投資信託、保険業等様々な事業を手がける国際的な企業。現在世界140ヶ国に2,200のトラベル・サービスオフィスを展開、また、全世界のカード会員数は7,800万人以上。

海外旅行に行くアメリカ人旅行者のサポートのために、フランス、イギリス、そして日本など世界中に事務所網を拡大し旅行業と金融業を展開する。今日も、その世界的なネットワークを生かし旅行会社の枠を超えて旅行者へのサービスを提供している。

日本では、明治期になり、外貨獲得を主な目的とした国際観光事業の必要性と有益性が注目され、1893年に訪日外国人旅行者誘致のための組織「喜賓会《きひんかい》」が設立される。その喜賓会の活動を引き継ぎ、1912年に「ジャパン・ツーリスト・ビューロー（Japan Tourist Bureau）」が設立された。この組織が、現在のJTBの前身となる。日本最初の旅行会社は、それより以前1905年、草津駅で弁当販売をしていた南新助《みなみしんすけ》が創業した「日本旅行会」（現在の日本旅行）である。南は日本で初めて鉄道を貸し切りにし、善光寺参拝、伊勢神宮参拝などの旅行を企画し実施した。トーマス・クックの始まりと似ている。これが日本初の企画旅行であり旅行業の発祥と言える。日本における旅行会社の誕生は、「訪日外国人旅行者の誘致斡旋」と「団体企画旅行の斡旋」からであった。

外貨獲得
外国のお金を得ること。開国当初の明治期、終戦後など国家の大きな課題となった。資源の少ない日本において、インバウンドは外貨獲得の重要な手段として位置付けられている。

1 JTB ――インバウンドからスタートした旅行会社（1912）

ＪＴＢが、「ジャパン・ツーリスト・ビューロー（JAPAN TOURIST BUREAU）」の名称で、外客誘致、すなわち今日社会現象ともなっている「インバウンド」の促進、訪日外国人旅行者を誘致斡旋する機関として生まれたのは、明治の末期、１９１２年3月12日のことである。

■喜賓会の誕生

その胎動は明治維新まで遡る。明治維新を迎えた我が国では関所が廃止され、通行手形もなくなり庶民は自由にどこにでも旅行ができるようになった。１８７２年に、新橋駅―横浜駅間に鉄道が開通し、鉄道網が全国に広がるとその自由度、範囲、快適性は拡大していった。

一方、明治政府は富国強兵、殖産興業を掲げ、日本の近代化、西欧化に大きく舵を切っていた。そのため、政官財のトップや若手リーダーたちは、外国人旅行者の誘致とそのための接遇の改善を模索していた。明治政府も外貨獲得のために、外国人旅行者がもたらす外貨の重要性を切実に感じていたが、欧米諸国とは言語や衣食住の習慣が大きく異なり、従来の施設やサービスでは外国人旅行者を満足に受け入れることができないことも認識していた。

時の首相伊藤博文《いとうひろふみ》の主催で、総理官邸において開催された盛大な仮装舞踏会が開かれたのは1887年4月20日の夜のことであった。国内外の紳士、淑女、令嬢たちが美しく着飾って、夜を徹して踊った。欧化主義をひた走る鹿鳴館時代の全盛期である。西洋文化の吸収に全力を挙げていた時期で、政官財こぞって、そのトップやリーダーたちは欧米視察のために積極的に洋行していた。当時まだ首都東京に洋式ホテルは1軒もなく、帝国ホテルが国策として建設されるのが3年後の1890年のことであった。

ちょうどその頃、欧米視察の途上であった三井の大番頭益田孝《ますだたかし》は、パリで、やはり欧米視察の旅に出ていた銀行家の渋沢栄一《しぶさわえいいち》と出会い、新しい日本の将来について語り合う機会を得た。その頃パリは既に観光都市であり、パリ見物を楽しむイギリス人やアメリカ人など外国人旅行者で溢れていた。二人はその光景を目の当たりにし、外国人旅行者の日本への誘致の重要性に気が付いた。外国人旅行者

鹿鳴館時代
国賓や外国の外交官を接待するため明治政府によって建てられた社交場である鹿鳴館を中心に、政府高官や華族、欧米の外交団が宴会・舞踏会を催し、欧化主義を広めようとした明治10年代後半をいう。

洋式ホテル
日本最初の本格的西洋式ホテルは、幕末の1868（慶応4）年に開業した「築地ホテル館」と言われている。4年足らずで焼失し現存していない。

の誘致機関の設置に関する構想が二人の間で膨らんでいった。

　1893年、渋沢栄一、益田孝らの発意によって、我が国初の外国人旅行者誘致機関である「喜賓会《きひんかい》」が、帝国ホテル内に設立される。初代会長はフランス大使や文部大臣を務めた蜂須《はちす》賀茂韶《かもちあき》侯爵で、渋沢栄一や益田孝も幹事として名を連ねた。予算は、宮内庁の下賜金があった他は、主として会費と寄付金によって運営されることになった。

　その事業内容は、海外での直接的宣伝活動を除き、今日の政府観光局が行う業務を網羅している。中でも、英文の日本地図や日本案内の刊行は訪日外国人旅行者の利用だけでなく、トーマス・クック＆サン社などを通じて海外にも配布され、外国人旅行者誘致に大きな役割を果たした。外国人旅行者からは、「ウェルカム・ソサイエティ」の名前で親しまれた。

　しかし、その後も会員の会費と寄付金で運営されていたが、日露戦争後の経済界の不況もあり財政難になった。追い討ちをかけたのが1907年の鉄道国有化であった。大口寄付者であった私鉄が無くなって財政を窮地に陥れた。結果として新設の鉄道院に頼らざるを得なくなったが、長続きせず、1914年に解散することになる。

政府観光局
自国・自地域への旅行者の誘致活動を行う行政機関のこと。観光を重視する地域では、州や自治体単位でも組織化されている。今日の日本においては日本政府観光局（JNTO）がこれに当たる。

鉄道院
鉄道国有化により設置された鉄道管轄官庁。1908年、帝国鉄道庁・逓信省鉄道局を統合して発足。1920年、鉄道省に昇格。

■ジャパン・ツーリスト・ビューローの誕生――木下淑夫の活躍

喜賓会が財政難にあえいでいた1905年の夏、鉄道院鉄道作業局の木下淑夫は、私費でアメリカに留学していた。

木下は、東京帝国大学工学部を卒業。その後、大学院に進み法律と経済を学び、在学のまま1899年に鉄道院に入った異色の経歴で、ユニークな発想の持ち主であったという。木下は、1900年にフランスのパリで開催された万国鉄道会議に随行した。帰国後、旅客掛長に就任し、官鉄と関西鉄道の旅客競争の指揮をとった。1904年、自費でアメリカのペンシルベニア大学へ留学する。翌年からは官費留学の扱いでヨーロッパに移っている。

その自費でのアメリカ留学時、日本は日露戦争の最中であった。木下は欧米の日本への無知、無理解を嘆いていた。日本を外国人に理解させるには、外国人を日本に誘致して実際の日本を見てもらうのが一番の早道であると、ニューヨークのホテルの一室で思い続け、やがて確信へと変わっていった。

そして、日露戦争に勝利し、ロシアから賠償金が獲得できた場合は、それを資金として富士山一帯を国立公園とし、瀬戸内海一帯を一大遊覧地域として多くの外国人に日本に来てもらおうと思い描いた。そして、多くの外国人に日本のこと

木下淑夫
（きのしたよしお）
1874年―1923年。京都府熊野郡神野村（現・京丹後市）に生まれる。1912年―1923年ビューロー在職。

国立公園
この時点ではまだ国立公園はない。日本では1931年に国立公園法が施行され、1934年に瀬戸内海国立公園、雲仙国立公園、霧島国立公園の3ヶ所が最初の指定を受けた。

を良く理解してもらうとともに、日本国内での消費を促し外貨を獲得すること考えた。木下はアメリカから、この計画を建白書にまとめて、当時の逓信大臣大浦《おおうら》兼武《かねたけ》に提出したが、ロシアからの賠償金はなく、この構想が実現することはなかった。しかし、木下は帰国後も外国人旅行者を日本に招く必要性を熱心に説いて廻った。

やがて、木下の外客誘致論は彼の直属の上司であった鉄道院副総裁の平井晴二郎《ひらいせいじろう》の共鳴するところとなり、これがジャパン・ツーリスト・ビューロー設立のきっかけとなった。喜賓会を運営していた渋沢栄一の協力も取り付けた。

1912年、当時内務大臣と鉄道院総裁を兼任していた原敬に対し平井と木下は外国人旅行者誘致機関の設立を提案する機会を得た。1時間にわたる2人の説明に、原は熱心に耳を傾け、2人の熱弁が終わると素直に賛意を表した。原は予定予算5万円の内2万5千円を鉄道院の会計から拠出することを承諾した。さらに、南満州鉄道、朝鮮鉄道、帝国ホテル、日本郵船などからも出資を得ることになった。

1912年3月12日に、設立総会が開催された。新たな組織の事業目的は、外国人旅行者の誘致と外国人旅行者に便宜を図ることとし、国際観光に関係する諸

原敬（はらたかし）
1856年－1921年。盛岡藩岩手郡本宮村（現・盛岡市本宮）に生まれる。この後政界に進出し、1918年、総理大臣に就任。爵位の受け取りを固辞し続けたため「平民宰相」と渾名された。

事業者との連絡、外国人旅行者に対する日本の紹介・斡旋などの事業を行うこととなった。同年5月に第一回の理事会が開かれ、「ジャパン・ツーリスト・ビューロー（JAPAN TOURIST BUREAU）」（以下、ビューロー）という正式な組織名称が決定された。

外国人旅行者誘致をその目的に掲げた喜賓会は、その使命をビューローに譲ることになる。それに先立ち、渋沢栄一より喜賓会の財産、事務員の引継ぎの要請があったが、ビューローは独自の発足の構想を持っているとして、これを辞退した。しかし要員については一部を受け入れた。このような経緯があり、喜賓会をビューローの前身とは位置付けられないが、外国人旅行者誘致の機関として、その伝統と精神を継承することとなる。

木下淑夫の外客誘致論、すなわち外国人旅行者誘致の促進の思いは着実に新しいステージに突入した。木下は「ＪＴＢの産みの親」と言われている。

■ジャパン・ツーリスト・ビューローの基盤づくり——生野團六の時代

ジャパン・ツーリスト・ビューローの初代幹事を鉄道院技師の生野團六が務めた。創立事務から初期体制づくりに尽力し、11年間の在任期間を通じて、ビュー

生野團六（しょうの だんろく）大分県生まれ。１９１２年－１９２３年ビューロー在職。

ローの基盤づくりに大きな足跡を残した。「産みの親」の木下淑夫に対して、生野團六は「ＪＴＢの育ての親」と言われている。

生野は、１９０２年、東京帝国大学工科の土木を卒業し、鉄道院鉄道作業局の技師となった。１９１０年、スイスのベルンで開催された万国鉄道会議に委員として出席した。この時、スイスの多くの観光施設を視察したことが、やがてビューロー入りする素地になった。

ビューローの本部は東京呉服橋の鉄道院内の総裁応接室に置かれた。英国風の建物の玄関の真上の２階が総裁室で、その前がビューローの最初の本部であった。その後、鉄道院の別の一室に移転したが、その時、入口のひさしの上に、幅１ｍ余りの紺青の看板を掲げた。英語の白い文字で、「JAPAN TOURIST BUREAU」と書かれた。日本の官庁の建物に英文の表示が行われたのは、これが最初である。外国人旅行者を意識して内装は洒落た洋風で高級な調度品が揃えられた。

ビューロー創立の翌年、１９１３年には、世界周遊船クリーブランド号の３００人の外国人旅行者を斡旋し、また、アメリカ日曜学校協会のハインツ一行48名の日本視察旅行を斡旋している。以降、客船で訪れる外国人旅行者の斡旋が大きな業務となった。

　大正期前半には、神戸、下関、横浜、長崎や鉄道院主要駅など国内および欧米主要都市に嘱託案内所網を張り巡らし、中国大陸にも支部を設置した。これら国内外の案内所には、瑠璃色エナメル製の、縦10インチ、横18インチの看板に「JAPAN TOURIST BUREAU INQUIRY OFFICE」と英文字で書かれた。案内所には、デスクやカウンターが設けられ、フォルダー・ケースを置き、ビューローの刊行物はじめ各種観光案内の印刷物が揃えられた。今日の旅行会社の店頭風景が各地に登場した。

　さらに、国内外の博覧会や避暑地などに臨時案内所を開設し、事業を拡大していった。案内所網の拡大に併せ、海外に向けて我が国の情勢や文化を紹介するため、各国語による宣伝物を作成した。１９１３年には和英両文によるビューローの機関誌『ツーリスト』が発刊された。機関誌の表紙は、杉浦非水の美しい図案で、富士山に桜草を配した5色刷りで、編集長は生野自らが当たった。

　１９１５年、東京駅に案内所を開設したのを機に、外国人旅行者用の乗車船券委託販売を開始した。当初、外国人旅行者に便宜を図るという目的ではあったものの、それ以降、国内外の船会社、海外の旅行会社との代売契約が相次ぎ、その

杉浦 非水
（すぎうら ひすい）
１８７６年−１９６５年。
日本のグラフィックデザインの黎明期より活動し、商業美術の先駆け。近代日本を代表するグラフィックデザイナー。

範囲は拡大していくこととなる。今日、ＪＴＢが行っている乗車船券類代売事業の端緒となった。

第一次世界大戦後の激しいインフレは、会費収入を最大の財源にしていた経営を苦境に陥らせた。ビューローはその危機を脱出するため、乗車船券代売をはじめ各種販売事業を拡大し、自主財源を確保していく組織運営に切り替えていった。

１９２５年からは、いよいよ日本人客に、省線《しょうせん》の一般乗車券およびクーポン式遊覧券の販売を開始した。ビューローにとっては新しい市場への挑戦となった。そして、東京日本橋三越本店内を皮切りに、銀座松屋、大阪三越、京都大丸、大阪大丸と全国のデパート内に案内所を次々に開設していった。一躍その存在は市民へ浸透し、一般の日本人に親しまれる案内所となった。

■ジャパン・ツーリスト・ビューローの発展――高久甚之助の登場

１９２７年、ビューローは「任意法人」から公益の「社団法人」になることを決定して移行した。その改組を機に、外国人旅行者だけではなく日本人旅行者を含め旅行者に対する旅行サービスとその普及機関として、一層の発展を期することになった。

省線
現在のＪＲに相当する鉄道のこと。１９２０年―１９４９年の間使用された。当時、国有鉄道が政府機関の省によって運営されていたことによる。鉄道省、運輸通信省、運輸省と変わる。１９４９年より日本国有鉄道（国鉄）となる。

その牽引役として登場したのが高久甚之助である。1928年に幹事に、1930年には専務理事に就任し、1942年に「財団法人東亜旅行社」に改組するまでの14年間、戦前のビューローの発展に尽力した。このことから、高久甚之助は「JTBの中興の祖」と言われている。高久は1908年、東京外国語学校英文科を卒業して帝国鉄道省に入省、高等文官試験に合格し、アメリカのペンシルベニア大学に留学し経営学修士の学位をとり、ビューローに入ったという経歴の持ち主である。

1923年の関東大震災、1929年の世界恐慌という国家経済危機の中、1930年に官設の外客誘致に関する中央機関である「国際観光局」が鉄道省の外局として設立された。これを受け、ビューローは海外観光宣伝業務を国際観光局に移譲し、専ら国内外の旅行者の斡旋と国内旅行文化の向上に重点を置くという事業の転換期を迎えることとなった。

1936年の訪日外国人旅行者数は4万人を超え、その消費額は1億円を超えて、綿織物、生糸、人絹織物に次いで、外貨獲得の第4位を占めるにいたった。ビューローの外国人旅行者の斡旋の努力の成果である。

1935年からは、鉄道省主催の団体旅行斡旋を全面的に引き受けることに

高久甚之助（たかくじんのすけ）
1886年、三重県上野市に生まれる。1928年ー1942年ビューロー在職。

なった。1938年からは国内主要案内所で省線定期券、回数券および団体券の取り扱いを開始するなど、事業は拡大の一途をたどっていった。さらに、1937年に勃発した日中戦争の拡大につれて、「満州支部」のほか「華中支部」も開設し、中国大陸全土に旅行斡旋業務の範囲が拡大されていった。

そんな中、1939年、ドイツがポーランドに侵攻し第2次世界大戦が始まり、ドイツ軍から迫害を受けていた東欧諸国とくにポーランド在住のユダヤ人は西欧への脱出路が断たれ、唯一残されたのはソ連から日本経由アメリカなど他の国に行く脱出経路だけとなっていた。中立国であったリトアニアに避難してきた多くのユダヤ人たちは、在カウナス日本領事館領事代理の杉原千畝の人道的な判断から発給された日本の通過ビザを手に入れ、シベリア鉄道でウラジオストックに向かった。1940年、JTBは全米ユダヤ人協会の依頼を受け、ユダヤ人難民をウラジオストックから輸送船で敦賀へ、そして横浜、神戸からアメリカなどへの輸送斡旋に携わった。杉原千畝の「命のビザ」をリレーし、約4,000人ものユダヤ人の避難に尽力した。これも、軍の圧力に屈することなく行った高久の決断であったと言われる。

1941年に組織名を「社団法人東亜旅行社」に改称される。日中戦争、太平

杉原 千畝（すぎはら ちうね）
1900年－1986年。岐阜県武儀郡上有知町（現・美濃市）に生まれる。日本の外交官。1940年7月から8月にかけて、外務省からの訓令に反して、大量の通貨ビザを発給し、およそ6,000人にのぼるユダヤ避難民を救ったことで知られる。「命のビザ」と称されている。

シベリア鉄道
ロシアの首都モスクワから、ロシア東部のウラジオストックまでを繋ぐ鉄道。全長は9,297㎞で、世界一長い鉄道。第二次世界大戦前までは、アジア－ヨーロッパの連絡輸送の重要な役割を担った。

洋戦争と戦時色が強まる中、外国人旅行者は激減していったが、その一方で、国の要請による特殊な集団輸送に従事するようになる。1943年、財団法人国際観光協会も財団法人東亜旅行社に合併され、「財団法人東亜交通公社」に改称された。

■日本交通公社の誕生

戦争終結後間もない1945年、「財団法人東亜交通公社」は、名称を「財団法人日本交通公社（JAPAN TRAVEL BUREAU）」に改称し、旅行業務を再開する。その後、国鉄乗車券類の代売手数料の打ち切り、政府補助金交付停止の措置などにより幾度か危機に見舞われる。また、戦前は旅行会社としてほぼ独占状態での事業展開であったが、戦後、様々な主体から次々に旅行会社が誕生し、厳しい競合に見舞われることになる。

1955年に、理事長制を廃止して社長制を敷き、西尾壽男が初代社長に就任した。この頃より、我が国経済の成長とともに、旅行業は好調のうちに推移し、着実に事業を拡大し、旅行業界を牽引していった。

東京オリンピック開催、海外観光旅行が自由化される前年、1963年、「財

西尾 寿男
（にしお としお）
1900年―1990年。滋賀県彦根市生まれ。鉄道省・運輸省官僚から、JTB初代社長、株式会社後の初代社長でもある。1955年―1970年JTB社長在任。

団法人日本交通公社」は営利部門を分割し「株式会社日本交通公社」を設立し、事業会社として営業を推進することとなった。「財団法人日本交通公社」は、新会社に対する出資母体となるとともに、旅行・観光に関する調査研究の専門機関として新たに発足することとなった。

その後、株式会社日本交通公社は成長を続け、旅行業界では日本最大、そして世界有数の事業規模を有する旅行会社として存在感を示し続けている。日本国内はもちろん海外に多くの拠点を配し、個人、法人の旅行需要の発掘と旅行販売を展開している。

日本国内では、海外パッケージツアー「ルックＪＴＢ」、国内パッケージツアー「エースＪＴＢ」、メディア直販ツアー「旅物語」、外国人旅行者向けパッケージツアー「サンライズツアー」に代表される個人旅行のほか、法人向けソリューション事業、ソーシャルビジネス、グローバル事業などを手がけ、時刻表や旅行雑誌などの出版業をはじめ、旅行業以外にも商事、金融、情報サービス、ホテル、不動産など様々な事業に進出している。インバウンドからスタートしたＪＴＢは、総合旅行業に発展していき、さらに、「交流文化事業」を推進してきた。

ソリューション事業
企業や団体など顧客の業務上の要求や課題・問題を分析・把握し、商品・サービスを通して解決するための取り組みを支援する事業。

ソーシャルビジネス
環境保全、地域活性化など社会的課題の解決をビジネスの手法で目指す継続的な事業活動。

■ＪＴＢの新時代

１９８７年、ＪＴＢの筆頭大株主であった国鉄分割民営化が実施された。国鉄の保有する株式が、ＪＲ各社にどのように分配されるか注目された。様々な経緯を経て、ＪＲ各社の販売比率によって分割保有されることになり、ＪＴＢは国鉄から穏やかに離陸することになった。しかし、国鉄の駅旅行センターからの撤退、時刻表の独占権の剥奪、そして定期券代理販売委託契約の解除という厳しい結果が待っていた。ＪＴＢは大きな転換期を迎えた。

１９８８年、ＣＩを導入し「ＪＴＢ」浸透に向けてシンボルマークを刷新する。それだけではなく、店舗や宣伝の革新、社員の意識改革を図った。以前から言われていた、公社と言う名前からくる官僚臭さや古い体質があるなどの負のイメージはこのＣＩの導入により払拭された。以降、業界だけでなく広く一般に「ＪＴＢ」という呼称が定着していく。さらに、２００１年には、社名を「株式会社ジェイティービー（JTB Corp.）」に改称した。２００６年、分社化し純粋持株会社に移行し、新グループ経営体制をつくる。

ＪＴＢは、２０１２年創立１００周年を迎えた。我が国において一つの業界の中で常にトップの座を維持しながら１００周年を迎える企業は稀なことであり、

国鉄分割民営化
１９８７年、国鉄の巨額の累積債務を民営化して経営改善を図った行政改革。日本国有鉄道（国鉄）をＪＲとして、６つの地域別の「旅客鉄道会社」と１つの「貨物鉄道会社」などに分割し民営化した。

ＣＩ
Corporate Identity（コーポレート・アイデンティティ）の略称。企業がイメージや理念の統一を図るために、対外的なデザインや理念、企業内の意識を計画的に統合化する活動。

奇跡と言っていいかもしれない。しかし、近畿日本ツーリストや日本旅行などの大手旅行会社との競合だけでなく、大手の一角に入ってきたH．I．S．やインターネット販売の楽天トラベル、さらには国境を超えてやってきた海外ＯＴＡなどと厳しい戦いをして行かなくてはならない時代に突入してきた。

２０１８年、ＪＴＢは２００６年に分社化した地域別・機能別の事業会社15社を本社に統合し、「第三の創業」と位置付け、事業ドメインも新たに「交流創造事業」とし、ＪＴＢならではの新たな価値提供を目指すことを宣言した。

株式会社　ＪＴＢ（JTB Corp.）

本社所在地　東京都品川区東品川２丁目３番11号
設立年月日　１９６３年11月12日（創立１９１２年３月12日）
従業員数　２９，５７２名（グループ全体２０１７年12月31日現在）

2 日本旅行

——団体旅行を企画催行した旅行会社（1905）

日本最古の旅行会社は、と聞かれると、ＪＴＢを思い浮かべる人が多いと思う。実は、今日大手の一角を占める日本旅行の前身、１９０５年に創業された「日本旅行会」が日本初の旅行会社と言われ、さらにその創業は日本初の「パッケージツアー」の誕生でもあった。その誕生の舞台は、東京でも大阪でもなく、滋賀県の草津であった。

■日本最初の旅行会社「日本旅行会」の創業——南新助のアイデア

この日本最初の旅行会社の創業者は南新助である。東海道本線敷設の際、路線と草津駅建設の用地を無償提供するなど尽力した父、先代の新助が１８８９年、草津駅構内でただ一人国鉄立売営業権を与えられ、名物うばが餅や弁当を販売する「南洋軒」を営んでいた。「南洋軒」は今日も老舗として営業を続けている。

南新助はその父の命により勉学修行のため単身上京し、東京の私塾商業科に学び、

南 新助
（みなみ しんすけ）
１８８５年—１９７２年、滋賀県栗太郡草津町（現・草津市）生まれ。日本旅行の創業者。

1903年に卒業して帰郷し、家業である「南洋軒」を手伝っていた。

1905年、東海道線の草津駅には、伊勢からつながる私鉄関西鉄道（後に国有化）が乗り入れていることもあり、乗降客は多く、駅前も大変賑わっていた。当時20歳の新助は、血気盛んな年頃で、家業に励む傍らそれに飽き足らず、普段見慣れている汽車を使って何か新しいことができないかと、考え続ける日々を過ごしていた。

「此の時、私は、祖父の初代新助が汽車の無かった時代に人力車を雇い、泊まりを重ねて善光寺、鎌倉、江の島を巡る長い旅をしたことを思い出したのであります」（新助回想）。旅行好きだった祖父から繰り返し聞かされた旅の楽しさを思い出し、旅への憧れを持つようになっていた。また、草津駅の立ち売り営業で一家が生活をして行ける、これも国鉄のお陰であり、「何とか自分の力で叶う方法で国鉄へご恩返しをしなければならない」という思いも募っていた。

新助が最初に考えたのは、神社仏閣への参拝の旅だった。江戸期、庶民は基本的には自由に旅をすることはできなかったが、信仰を目的とする参拝の旅は許されており、実は多くの庶民が信仰を理由に旅をしていた。その流れは明治期になっても各地で続いていた。乗り物の選択、旅館の選定、乗り物代や宿代、茶代、祝

東海道線
1889年に新橋駅から神戸駅までの鉄路が開通。全線直通列車が1往復運行され、所要時間は20時間強であった。1895年に「東海道線」の路線名称が与えられた。

茶代
旅館や飲食店などで、宿泊料や飲食代などのほかに、心付けとして与える金銭。チップ、サービス料。当時の旅では一般的な行為だった。

儀など所要経費の不安など、旅行に行くまでの手間を取り除き、安心して旅行に行けるようにしたい。そうすれば、これまで社寺参詣の旅の機会に恵まれなかった人も気軽に出かけられるようになるに違いない。交通手段、宿泊、さらに観光をセットにした旅、今日でいうパッケージツアーを新助は考案し、実現に向けて動いた。

日露戦争が終わった直後の1905年、新助は家業の傍ら、高野山参詣と伊勢神宮参詣の旅を企画し参加者を募った。いずれも100人前後の参加者があり、成功裏に終わった。これが日本で初めて「旅」を商品にした事例となった。日本のパッケージツアーのルーツとなった。そして、この出来事が日本の旅行業の発祥となり、「日本旅行会」（現在の日本旅行）の創業となる。創業当初は特に日本旅行会という名称は用いておらず、日本旅行会という商号を定めたのは大正初期のころになってからである。

1人、2人ではなく数十人、数百人が同時に団体で出かけられることになったことも画期的な出来事であった。1908年には日本初の国鉄貸切臨時列車を仕立て、善光寺参詣団を企画、江の島、東京、日光、善光寺を巡る7日間の旅行を実施した。募集予定の倍となる約900人が参加し成功を収める。

新助が企画実施した旅行の卓抜さは、参詣の旅ではあるが、その旅程にいわゆる観光地巡りを組み込んだことである。善光寺参詣団においては、善光寺の参詣だけでなく、江の島、鎌倉、東京、日光の観光が付け加えられていた。また、列車の移動中においても、車中で沿線の観光案内をしたり、謄写版を持ち込んで旅の見どころを紹介するガリ版刷りを配ったりした。また、行く先々の名物を間食に出したり、郷土芸能を披露したり、暑い時には西瓜やカチ割リ、寒い時は粕汁を出すなど、旅の道中も含めすべてを楽しんでもらうよう配慮した。創業当時から、「お客様の楽しみが第一」を貫いていた。こうした気配りやサービスが評判になり、団体旅行の募集は関西だけでなく、全国へ拡大していった。また、社寺参詣の旅だけでなく、いわゆる観光地巡りの旅も取り扱うようになった。

■団参輸送と国内海外パッケージツアーのシリーズ化

大正期に入ると、「日本旅行会」の商号が使用されるようになり、一般に広がっていった。1921年、日本初の超大型の全国規模団体旅行を請け負う。比叡山延暦寺開祖傳教大師1100年大遠忌法要団参である。北海道から九州までの全国より約5万人の信徒の参拝団の輸送を実施したのである。我が国ではかつてない大規模の斡旋であった。周到な準備により無事終了し、これ以降国鉄は全国規模の団参輸送は日本旅行会を勧めるようになった。

1926年、鉄道省の後援を受け、神戸より貸切臨時列車で13日間の北海道視察団を企画募集し、600人以上の集客を得た。福島で1泊、青森から函館の連絡船の船中泊と、2日かけて北海道に渡り、北海道では洞爺湖や室蘭港、登別、アイヌの集落などを訪れ、各地の温泉を巡り、大好評を博した。我が国初めての大型パッケージツアーであった。その後、毎年約100名が参加するシリーズとして定着した。

日本旅行会は、滋賀県草津に本部を置き、昭和の初期には京都、大阪、東京に営業所を開設している。宗教団体、一般観光団体、招待団体などの団体旅行の取扱いを増やしていった。特に宗教団体については主な宗派の団参は一手に取り扱っていた。観光団体については、北は樺太（現サハリン）、北海道、南は九州、沖縄まで様々なコースを企画し実施した。また、台湾、朝鮮、満洲（現中国東北部）、中国大陸、南洋など海外旅行も手掛けるようになった。

1928年、第1回台湾視察団16日間の旅を企画、約100名が参加した。神戸より出帆し基隆《キールン》に上陸、台北《タイペイ》、北投《ペイトウ》温泉、台中《たいちゅう》、日月潭《リーユエタン》、嘉義《かぎ》、阿里山《ありさん》、台《たい》

南洋
中国より南方の諸外国のこと。現在の東南アジア。

南《なん》、高雄《たかお》などを周遊見学している。この前年には、第1回鮮満視察団を企画募集し270人の参加を得て実施している。今日でいう、海外パッケージツアーのシリーズが誕生したことになる。

1931年、中華民国視察団19日間の旅を企画し実施した。大阪商船のアメリカ航路就航船「あめりか丸」をチャーターしての大規模な企画であった。全国より約300名が参加し、大成功裡に終了した。船上でスキヤキパーティーを開催するなど企画も評判を得た。この旅行には新助自らも添乗員として同行している。

1936～37年頃、日本旅行会は戦前の最盛期を迎える。団体旅行に関しては日本旅行会に限るという評価が定着していた。この頃、多いときで1ヶ月に臨時列車40～50本を出すほど盛況を呈していた。しかし、その後戦争の色が濃くなりはじめ徐々に減少していく。

1941年、戦争拡大に伴い、国鉄より、各旅行会社に一時旅行斡旋業を停止する旨の要請があった。すでに全国的な旅行会社としての認知があった日本旅行会を率いる新助は率先して廃業した。全国の旅行会社もそれに倣った。創業以来30数年にして一時営業を中断することとなった。

あめりか丸
亜米利加丸、日本初の本格的な快速豪華客船である「日本丸」に続く第2船。1898年進水。北太平洋定期航路に就航して、姉妹船の「日本丸」および「香港丸」とともに活躍し、「太平洋の白鳥」と呼ばれた。

チャーター
船舶、後に航空機などの輸送機関の一部または全部を借り切ること。旅行会社が貸し切って客室、座席を個人客に販売するケースが多い。

■日本旅行会の再出発と発展

戦後、1949年、国内の輸送事情の緩和に伴い「株式会社日本旅行会」を創立、8年振りの再出発となった。大阪に本社を構え、京都と大阪に営業所を開設した。代表取締役には社長工藤千一《くどうせんいち》、専務南新助が選任されたが、同年夏、シベリア抑留中であった新助の子、南新太郎が帰国し、その後まもなくして代表取締役専務に就任し経営にあたった。新助は会長に就任した。なお、工藤は社長を辞し、1959年まで社長は空席となった。

創立当初より国鉄の絶大な支援を受け、職員の多数を国鉄退職者で充当し、この後増加した営業所は国鉄駅構内に開設された。営業所は当初関西を中心としていたが、次第に全国の主要都市に拡大され、創立5年後には全国に50余りの営業所が開設され、1966年には約250を数えるまでになった。営業の主体を国鉄利用の団体に定め、全国で団体旅行営業を展開した。

1952年に「旅行あっ旋業法」が制定される。日本旅行会はいち早く手続を行い、運輸省より「一般あっ旋旅行業」の登録を受ける。登録一般第2号となった。第1号は日本交通公社であった。1957年には、国鉄団体乗車券代売認可を、1960年には周遊割引乗車券代売認可を受ける。さらに、その翌年には国

旅行あっ旋業法
1952年に制定された、旅行業を取り締る法律。登録制度や営業保証金の供託、料金の明示等定められた。数回の改正を経て、全面改訂され1971年「旅行業法」の施行になる。

際航空輸送協会（ＩＡＴＡ）への加入を果たしている。

　創価学会の登山が本格化したのは、１９５２年の立宗７００年慶祝記念登山からである。この登山には約４，０００名が参加した。登山とは、信者が日蓮正宗総本山の大石寺《たいせきじ》に団体参拝するイベントである。当初これらの輸送は全日本観光株式会社に委ねられたが、輸送量増大に対応し、１９５５年に富士観光株式会社が設立され、学会の輸送を担当することになった。しかし、同社は国鉄の代売認可を受けていなかったため、国鉄輸送手配の一切を日本旅行会が引き受けていた。さらに増大し続ける輸送手配に対応するために、１９６０年、富士観光株式会社を日本旅行会が吸収合併し、以降創価学会の輸送は全部直接に日本旅行会が取り扱うこととなった。日本旅行会の発展に大きく寄与する出来事であった。１９６４年には、創価学会３００万総登山輸送を成功させている。

　日本旅行会が、戦後の発展期の最終年と位置付ける、１９６６年には、総販売高は２６０億円を超え、規模、業績ともに日本交通公社（ＪＴＢ）に次ぎ、我が国第２位の大手旅行会社の地位を占めるに至った。

国際航空運送協会（ＩＡＴＡ）
International Air Transport Association。１９４５年に設立された世界の航空運輸関連企業の団体。航空運賃、発券・運用ルールの制定などをしている。「イアタ」と呼ぶことが多い。

■大手旅行会社日本旅行の誕生と2位争い

１９６７年、創業62年にして、本社を東京へ移転する。国鉄本社や運輸省、そしてライバル社であるＪＴＢや近畿日本ツーリストが本社を構える東京に進出することになった。翌年、社名を株式会社日本旅行と変更した。

東京進出後、取り組んだのは全国各地の国鉄「旅行センター」を日本交通公社と分け合う形で借り受け拠点化することであった。１９６８年、念願の国鉄普通乗車券の代売認可を受ける。それまでは、遠距離の場合は周遊券利用を勧めたり、すでに認可を受けていたＪＴＢから乗車券、指定券を購入するなどしていた。

海外旅行の取り扱いも拡大し始める。１９６８年、海外パッケージツアー「ブライダルツアー」を発表している。翌１９６９年、ヨーロッパチャーター機を２ヶ月間で10機を飛ばしている。そして、１９７１年、今日も主力商品である海外パッケージツアー「マッハ」を発売開始した。翌年にはホールセールを開始し、自社内の販売だけでなく広く他の旅行会社にも販売してもらうホールセール商品となっていく。

大型化するレジャーブームに対応するため、１９７２年、日本旅行にとって待望の統一ネーミングによる国内パッケージツアー「赤い風船」の発売を開始する。

旅行センター
国鉄と国鉄の指定旅行業者とが一体的運営により、総合旅行商品の販売と営業活動を行う駅構内に設置した旅行店舗。

周遊券
一般周遊券は、２０１㎞以上乗ること、周遊指定地を最低２ヶ所（特定指定地は１ヶ所）回ることなどが条件で、国鉄の乗車券と船車券が定率割引される切符のこと。周遊券制度は１９９８年に廃止になった。

ホールセール
自社で企画・造成したパッケージツアーを他旅行会社に販売を委託すること。

同年、独自に開発した日本旅行即時予約システム「QR（クイックレスポンス）システム」が稼働する。名実ともに総合旅行会社として、日本の旅行業界に大きな存在感を示すようになった。

1970年代は、JTBに次ぐ全国規模の大手旅行会社として歩み続け、近畿日本ツーリストとともに旅行大手3社、東急観光を加え、大手4社と言われていた。しかし、80年代の初め、団体旅行を中心とした営業に力を入れ、特に修学旅行で圧倒的な力を発揮し始め、また旅行商品でも斬新な企画を発表していった近畿日本ツーリストに抜かされ、業界3位となる。

2001年、業界第2位の近畿日本ツーリストと同第3位の日本旅行、およびJR西日本の旅行部門（TiS本部）の3社が統合すると発表され、旅行業界に激震が走った。最大手のJTBを超える世界最大級の旅行会社を目指した統合計画であった。同時に各社生き残りをかけての戦略でもあった。しかし、翌年この統合計画が中止された。2001年9月に発生した米国同時多発テロの影響で両社の売上が大幅に減少し、統合するだけの財務的体力がなくなったことを原因に挙げている。

2001年10月、JR西日本からTiS本部を譲り受け、TiSの旅行ブラン

米国同時多発テロ事件
2001年9月11日にアメリカで同時多発的に発生した、航空機等を用いた4つのテロ事件のこと。航空機が使用された史上最大規模のテロ事件であり、全世界に衝撃を与えた。日本も含み世界中で、一時的に航空利用需要、旅行需要が減少した。

ドであったWENSも引き継いだ。2002年、JR西日本に対して第三者割当増資を実施し、日本旅行はJR西日本の連結子会社となった。この年、新たな企業ビジョン「日本旅行イノベーション」を発表し、感動と満足を創出するトラベル・バリュー・クリエーターを掲げ、体制を新たにしスタートした。

日本旅行は、大手旅行会社の位置を維持しながら、旅行会社として初めて、1995年、創業100周年を迎えた。そして、2015年には創業110年を迎えている。丸尾《まるお》和明《かずあき》社長は、その年の年頭所感で、創業者である南新助の偉業を語り、そのマーケットインの精神を徹底することを社員に熱く語った。

株式会社 日本旅行（Nippon Travel Agency Co.,Ltd.）

本社所在地　東京都中央区日本橋1丁目19番1号
設立年月日　1949年1月28日（創立1905年11月）
従業員数　2,576名（2017年4月1日現在）

Ⅲ　私鉄系旅行会社の誕生

日本の鉄道の歴史は、１８７２年に新橋―横浜間に開通した官営鉄道から始まる。それ以来鉄道はすべて官設であったが、華族や士族は私設鉄道の認可を目指す運動を続けていた。１８８１年、私設鉄道として日本鉄道会社が設立され、その業績好調が引き金となり、鉄道熱が全国に広がり民鉄は全国に広がっていた。

民鉄各社の設立の目的は様々で、成田不動、川崎大師、伊勢神宮への参拝客を対象とした京成電鉄や京浜電気鉄道（現在の京急）、参宮急行電鉄（現在の近鉄）、都市間輸送を狙った阪神電鉄や東京横浜電鉄（現在の東急）などがある。また、東京と地方都市を結ぼうとした東武鉄道、武蔵野鉄道（現在の西武）、小田急電鉄、京王帝都電鉄（現在の京王）などが誕生した。

日本鉄道会社
日本最初の民間鉄道会社。現在の東北本線や高崎線、常磐線など、今日のＪＲ東日本の路線の多くを建設・運営していた会社。１９０６年国有化。

都市部の人口集中、職住分離の進展による郊外の住宅地開発、電力業の発展を背景に、日露戦争期から第一次大戦後にかけて多くの電鉄会社が設立された。今日の大手私鉄会社はこの時期に開業し電化された。

そうした電鉄会社の経営の中で、今日に続く私鉄経営の原型を作り上げたのが小林一三の阪神急行電鉄であった。沿線の住宅地開発、ターミナルのデパート、そして沿線観光地開発による乗客の確保である。特に、沿線の観光地開発はその後の日本の観光に大きな影響を与える。1910年に宝塚線、箕面線が開業すると、小林は乗客の増加と経営の安定化を図るため、箕面公園の整備と動物園の設置、宝塚温泉の開業、宝塚少女歌劇の設立などを次々に実施した。小林によって作られた経営手法はその後の私鉄経営の原型となった。

小林一三が関西で活躍している頃、関東で経営手腕を振るったのが根津嘉一郎であった。根津は東武鉄道などの経営再建に腕を振るい、私鉄業界のリーダーとなり、「鉄道王」と呼ばれている。根津の日光、鬼怒川温泉の開発は私鉄経営の一つのモデルとなった。

昭和恐慌時から第二次世界大戦にかけて活躍したのが東京急行電鉄の五島慶太である。新たな郊外住宅を開発した日本初のディベロッパーであり、江ノ島をはじめ伊豆、箱根や軽井沢の観光地開発に情熱を傾けた。

小林一三
(こばやし いちぞう)
1873年−1957年。山梨県巨摩郡河原部村(現・韮崎市)に生まれる。阪急電鉄・宝塚歌劇団・阪急百貨店・東宝をはじめとする阪急東宝グループ(現・阪急阪神東宝グループ)の創業者。

根津嘉一郎
(ねづ かいちろう)
1860−1940年。甲斐国山梨郡正徳寺村(現・山梨市)に生まれる。東武鉄道や南海鉄道など日本国内の多くの鉄道敷設や再建事業に係わり「鉄道王」と呼ばれる。

戦後、西武鉄道の堤康次郎は土地開発から鉄道事業へ進出し、西武コンツェルンを築いた。軽井沢や箱根、伊豆での観光開発を本格化する一方、沿線に西武園などを作った。観光地開発としては、五島慶太と東急対西武戦争、箱根山戦争、伊豆戦争などを繰り広げた。

伊勢志摩を大観光地として作り上げたのは、近鉄中興の祖と呼ばれる佐伯勇である。佐伯の号令で開発された、世界初の2階建て特急電車「ビスタカー」は沿線観光地の隆盛をもたらした。

私鉄の観光地開発に果たした役割は大きい。それは鉄道経営の多角化の必要性からでもあった。それらほとんどの私鉄はその沿線観光地への送客を担う傘下の旅行会社を設立した。当時の私鉄経営者は早くから旅行業の将来性を確信していたようだ。そして、当時すでに巨人であったＪＴＢを超え、トーマス・クック、アメリカン・エキスプレスを目指すと夢を描いていた。今日も私鉄から誕生した旅行会社が大きな存在となっている。

堤康次郎（つつみ やすじろう）
１８８９年－１９６４年。滋賀県愛知郡八木荘村（現・愛荘町）に生まれる。西武グループ（旧コクド及び旧セゾングループ）の創業者。滋賀県選出の衆議院議員として政治家でもあった。

1 近畿日本ツーリスト（1947）
——団体旅行営業の野武士集団

今日の大手旅行会社である近畿日本ツーリストは、戦後10年経ち、日本が再び国際社会の一員となり奇跡の成長が始まる1955年、近畿日本鉄道の子会社であった「近畿日本航空観光株式会社」と、独立系旅行会社であった「日本ツーリスト株式会社」が合併して誕生した。

■2社合併の近畿日本ツーリスト

2社の合併に至った背景は、団体旅行や修学旅行で成長していたが、独立系で後ろ楯がない日本ツーリストが資金繰りに苦労し、創業者で社長の馬場勇が窮地に立たされていた時、知人に紹介された近畿日本鉄道の社長である佐伯勇が手を差し伸べたことによる。佐伯も旅行事業、観光事業に熱い思いを持っていた。

近畿日本ツーリストの持株会社であるKNT－CTホールディングスの公式HPや有価証券報告書の沿革は、存続会社である近畿日本航空観光の

修学旅行
学校行事の一環として、教職員の引率により児童・生徒が団体行動で宿泊を伴う見学・研修のための旅行。明治10年代頃から始まる。1943年戦時悪化により中断されたが、1946年に大阪の市立高等女学校が阿蘇への修学旅行を再開したのが始まりとされる。1950年代に入って本格的に再開された。

馬場勇（ばば いさむ）
1910年－1974年。朝鮮で生まれる。近畿日本ツーリストの前身企業の一つである日本ツーリストの創業者。黎明期の旅行業界の発展に貢献した人物として、旅行業界の野武士と称される。

前身である、有限会社関急旅行社の1941年創業からスタートしているが、2014年の新卒採用サイトの「近畿日本ツーリストの歴史と挑戦」では、その沿革には、創業者として馬場勇の顔写真が掲載されている。合併は日本ツーリストが吸収合併された形であるが、近畿日本ツーリストは合併後も馬場勇が創業し育てた日本ツーリストから続く営業姿勢が受け継がれ「野武士集団」としての社風が今日も息づいている。

■日本ツーリストの創業者馬場勇

日本ツーリストの創業者、馬場勇の父親は資産家であったが、親戚に騙され没落し、家再興のため朝鮮に渡っていた。その父親は朝鮮で、司法書士を振り出しに、馬車屋やタクシー屋をやっていた。朝鮮で生まれた馬場は、勇という名をつけられ、野に放した虎のような育ち方をした。子供の頃から食べ物の好き嫌いが多く極度の栄養失調になったため片目の視力をほとんど失くしている。朝鮮の中学校から気に入られた数学の教師とともに九州の指宿に渡る。その後、東京帝国大学経済学部に入学する。大学生時代には中耳炎を患い片耳の鼓膜を除去する手術を受けている。徴兵検査では、「社会人として、やって行けるかい。残った眼

佐伯 勇（さえき いさむ）
1903年−1989年。愛媛県周桑郡丹原町（現・西条市）生まれる。近畿日本鉄道（近鉄）の元社長、近鉄グループの総帥。

野武士集団
野武士は、馬場勇を中心に描いた『臨331に乗れ』（城山三郎著）の文中に50数回登場するキーワード。強力なバックを持たず、戦いに小人数で果敢に攻撃をしかける集団のこと。

と耳を大切にするんだぞ」と、軍医に同情されたという。

東大卒業後の1934年に朝鮮銀行に入行し、ソウルで勤務のあと、副総裁付の秘書となって、東京にも在勤した。また、中国に設立された中国連合準備銀行にも出向し、日本の大蔵省、日銀、興銀などからの出向者たちとともに顧問団をつくり、通貨発行や交換などの基本的な政策立案に参加した。出向時の任地は南京に2年、北京に2年と、大陸の風土に浸り、日本の外から日本を眺めることができた。ソウル在勤時、銀行総裁秘書をしていた女性と結婚する。終戦のときは、ソウルの本店で発券業務の責任者をしていた。

終戦後は日本に引き揚げ、復興金融公庫に就職した。遅れて入行した引揚者であった馬場は窓口業務になり事務仕事が多く、職場ではかつての仲間や学生時代の同期生が先輩格に当たり気を遣わなくてはならなかった。そんな宮仕えに辛抱できず1年足らずで退職した。その後は朝鮮銀行時代の仲間とジャムの製造販売をしたが上手くいかなかった。

そんな時に、日本交通公社に勤めていた知人が面白い話を持ち込んできた。公社の店へ団体旅行の相談に来る客が増えてきたが、当時の輸送力の関係で公社は団体乗車券の扱いを停止しており、また通常の発券業務などに追われて、その団体旅行を受付、斡旋をしている暇がない。そこで、知人は仲間とこっそりと別会社をつくり、そこへ団体旅行客を回すことにした。有り難いことに団体旅行客は途切れなくあり対応したいが、公社の仕事をしながらこっそりとしているのではとてもさばききれない。せっかく作った会社で客もいるので、その富士ツーリストという旅行会社を引き取ってくれないかと言う話であった。

馬場と朝鮮銀行時代の仲間3人は旅行の仕事はまるで素人であったが、将来性はあり、大きな事業にできる可能性もあると考えた。海外には、アメリカン・エキスプレス社やトーマス・クック社などの巨大な旅行会社がある。旅行代理店という枠を超え、日本のトーマス・クック社を目指そうと、野武士4人は決意した。

■野武士集団の活躍

1948年に馬場が社長となり「日本ツーリスト」を創業、1950年に「日本ツーリスト株式会社」として設立する。主な動機は、前金が入り資金の心配がない、設備も原材料もいらない、修学旅行を扱えば不景気の影響を受けない、銀行員らしい判断だった。そして、馬場はもともと旅行が好きであった。

日本ツーリストは、当時の修学旅行の移動手段の粗悪さに着目し、景気に左右されない修学旅行団体の取り扱いからスタートした。修学旅行団体獲得のため学校を回るが、コネも信用もなく全く獲得できない日々が続いた。そのため出身校や知人から紹介された学校を回り始め、少しずつ契約がとれるようになる。移動のための交通と宿泊の手配をし、それぞれが添乗業務もこなした。「添乗こそセールスだ」と言うのが、日本ツーリストのモットーであった。また、名もない旅行会社のため手数料を払わない旅館もあり、その回収もしなければならなかった。

信用を得るために国鉄（現在のＪＲ）に陳情して、小さいながら新橋駅と上野駅に案内所を開設した。さらに、車両不足を承知のうえで国鉄に修学旅行専用列車を走らせてくれるよう幾度も陳情し専用の臨時列車の運行にこぎつける。それが、後に書籍のタイトルにもなる、修学旅行専用列車「列車番号臨３３１１」である。そして、国鉄の団体旅客取扱指定業者になるなど、資金も信用もない独立系の弱さを創意工夫で旅行市場を切り開いていった。団体輸送について、正式に国鉄からの手数料を受け取る資格を得たのは日本交通公社に次いで2社目であった。野武士集団の活躍の結果であった。

馬場は、大きな契約がとれると自らその団体に挨拶に行き、旅館やバス会社、船会社などの交通機関とは手数料の交渉を自ら出向き直接行った。また、客船を

列車番号臨３３１１
城山三郎『臨３３１１に乗れ』集英社文庫（１９８０）

チャーターしての九州旅行など、既成概念にこだわらない修学旅行のコースを設定し評判を得るようになる。徐々に一般の団体からも申し込みが来るようになる。馬場の営業活動やその取り組みの熱意に打たれ協力を申し出る旅館や交通機関も出てくる。

馬場が積極的に事業拡大を目指した。次々に地方に営業所を開設し規模を拡大していった。このように、前金が入ると事業拡大に使ってしまい、旅館などへの支払いが遅れ気味になる。馬場は、自分の資産を担保に借金したり、地方では営業所長にその地域で資金調達も任せたが、会社は資金繰りに窮し経営に行き詰る。

馬場が支援者を探し求めていた頃、知人から近畿日本鉄道の社長であった佐伯勇を紹介される。佐伯も観光事業に対して大きな夢を持っていた。佐伯はこの少し前に渡米し、欧米の旅行会社に比べ日本の旅行会社のひ弱さを実感し、日本の旅行会社を世界的企業にしたいと考えていた。そんな佐伯は馬場と意気投合した。佐伯は貸付ではなく出資という形で資金を提供した。しかし、そのまま社長の席を許された馬場はその出資で得た資金を負債の返済には充てず事業拡大に使い、次々に営業所を増やして規模を拡大していく。近鉄から派遣されてきた経理担当役員によって大きな赤字が判明し、馬場は佐伯から呼び出され激しい叱責を受けるが、その後も経理のことは任せきりで営業活動に邁進する。

1955年、馬場の「日本ツーリスト株式会社」と近鉄の子会社の旅行会社だった「近畿日本航空観光株式会社」が合併した。日本ツーリストが吸収合併される形であったが、馬場は社名を日本ツーリストにすることを望んだがかなわなかった。しかしそれに近い社名なった。「近畿日本ツーリスト株式会社」の誕生である。

■近畿日本航空観光という会社

一方、近畿日本ツーリストの正式な前身となる「近畿日本航空観光株式会社」は1941年、関西急行鉄道（現在の近畿日本鉄道）によって設立された「有限会社関急旅行社」の創業がその始まりとなる。大阪と伊勢神宮を結ぶ大軌参急（大阪電気軌道・参宮急行電鉄）の案内所を運営する会社である。馬場の日本ツーリストより7年程早い創業となる。日中戦争が進展し、軍需景気が本格化し、庶民の旅行熱が盛り上がっていた時期である。増加していた奈良、橿原神宮、伊勢神宮、志摩への旅行需要に応えていた。

終戦を挟んで社名は二転三転し、1947年に株式会社に組織変更し「株式会社近畿交通社」となり、本格的に旅行斡旋業務を開始する。当時近鉄の専務だった佐伯の決断で、大阪―京都間に座席指定の特急列車を走らせたのがきっかけだった。親会社である近鉄の定期券代理販売や団体旅行募集による近鉄への送客が主な業務だった。

近鉄沿線への旅客誘致が最大の使命で、国鉄や他社線の団体客をとると近鉄から注意された。その代わり、近鉄は、近畿交通社扱いの団体客には最優先で車両をやりくりしてくれ、団体運賃の割引率も高く、手数料も割高にしてくれ、近鉄の駅構内の営業所の家賃も無料だった。

一方、親会社の近鉄では、佐伯が早くから航空機時代の到来、国際化の進展を見越して1948年に社内に観光部を新設する。その後、ノースウエスト航空の代理店となりIATA（国際航空運送協会）の公認も取り付け、アジア、欧米の航空会社の代理店になった。さらに航空貨物の国内運送の免許、税関貨物取扱人免許も取得した。その観光部は1950年に国際運輸部と改称する。近鉄国際運輸部は、東京丸ビルに支社を置き、さらに銀座に営業所を構える。しかし、航空貨物部門は振るわず、近鉄社内では「極道息子」と呼ばれていた。1954年国際運輸部が近畿交通社に事業譲渡され近畿交通社は「近畿日本航空観光株式会社」に改称し、翌年の日本ツーリストとの合併を迎えることになる。

ノースウエスト航空　1926年に創立された、アメリカを代表する航空会社だった。戦後、日本との結びつきが強く東京の他複数都市に乗り入れていた。2010年、デルタ航空と経営統合しデルタ航空となった。

税関貨物取扱人　現在の通関業。通関士の前身。

■近畿日本ツーリストのスタート

1955年、近畿日本ツーリストがスタートする。本社は大阪に置かれた。それは、近鉄との関係だけではなく、営業所数や顧客数などから見ても、関西のウエイトが大きかったからである。

馬場は専務となり、合併後も積極的に外に出て営業活動や旅行企画の研究を続けた。年に1回は全国の営業所を回り販売成績不振の所長を厳しく叱責していった。会社の営業スタイルは馬場が日本ツーリストで行ってきた積極性が全社の隅々まで受け継がれていき、近畿日本ツーリストの営業マンも「野武士集団」と称されるようになる。

1950年代後半以降は日本が高度経済成長に入ると、国民生活は安定し、個人所得が伸び、レジャーブームとなる。国内団体旅行が増加しその需要を吸収していく。また、団塊の世代が成長し修学旅行の需要が大きくなり、学校への積極的な営業で業績を伸ばす。1965年に本社を東京に移転した。

1960年代半ばから修学旅行、一般団体旅行だけではなく、拡大を続ける個人旅行の需要吸収にも力を入れはじめる。1967年には旅行業界初の宿泊予約システムを稼動する。このシステムは、1970年に大阪で開催された日本万国

レジャーブーム
1960年代、好況を背景に、レジャーという言葉が流行語となり、サラリーマン層を中心に旅行や娯楽を楽しむことが流行した現象。

団塊の世代
戦後の1947年―1949年に生まれて、文化的・思想的な面で共通している戦後世代のこと。第一次ベビーブーム世代とも呼ばれる。

博覧会関係の予約業務に貢献し、業績をさらに伸ばすことになる。

１９７２年、パッケージツアーの販売を開始する。国内パッケージツアー「メイト」と海外パッケージツアー「ホリデイ」である。ＪＴＢの「エース」「ルック」、日本旅行の「赤い風船」「マッハ」とともにホールセラー商品としての存在感を示し始める。

１９７５年には総合旅行会社としては初めて東証・大証第二部に株式の上場を果たす。その後、１９７７年に両方第一部に指定換えされる。旅行業界としては画期的な出来事であった。

近畿日本ツーリストは、名実ともに日本を代表する大手旅行会社となった。積極的な営業と創意工夫は続き、１９８０年から渋谷営業所で新聞や情報誌を使ったメディア販売を開始し大きな成長を遂げる。旅のダイレクトマーケティング事業の先駆けとなる。後の「クラブツーリズム」である。そして、１９８０年代前半には会社全体の取扱高で日本旅行を抜き、ＪＴＢに続く業界２位の地位を得る。

■激動のＫＮＴ

１９９０年代にはメディア販売をもとにシニア向けに「旅の友」サークルを発

メディア販売
新聞広告や組織会員を通じて自社の企画実施する国内・海外のパッケージツアーをコールセンターと呼ばれる電話受付箇所にて販売すること。

足し、会員組織型旅行事業「クラブツーリズム」を開始し、旅行業界にとっても新たなビジネスモデルと言える事業形態を確立した。情報化への対応においては、1990年に全世界予約システム「テラノス」を稼動している。

2000年代に入ると、バブル崩壊後の不況の長期化に加え新型肺炎SARSやイラク戦争などの影響もあり経営環境は悪化する。2001年、近畿日本ツーリストは、業界第3位の日本旅行、およびJR西日本の旅行部門（TiS本部）との合併を発表した。最大手のJTBを超える世界最大級の旅行会社を目指した統合計画であったが、翌年この統合計画は撤回した。2001年9月に発生した米国同時多発テロの影響で両社の売上が大幅に減少し、統合するだけの財務的体力がなくなったことを原因としている。

2007年からは企業ブランドとして「KNT（ケイ・エヌ・ティ）」を前面に出し、ロゴも「knt!」に一新したが、人口の減少、取引先企業の業績悪化、インターネットの普及による直販化の進行などにより厳しい経営環境は続いた。2008年以降は、生き残りのための様々な事業再編を繰り返していく。

2013年、2004年に別会社となっていたクラブツーリズムと株式交換による経営統合を行い子会社化する。また本体の旅行事業も新設の子会社2社に移

SARS
重症急性呼吸器症候群。SARSコロナウイルスによって引き起こされるウイルス性の呼吸器疾患。中国広東省に端を発した新しく発見された感染症で、2003年に世界中で大きな問題となり、海外旅行需要が激減した。

管し純粋持株会社に移行し、社名を「KNT－CTホールディングス株式会社」に変更した。旅行事業を継承した子会社のうち団体旅行事業を継承した会社が2代目の「近畿日本ツーリスト株式会社」を名乗ることになった。

KNT－CTホールディングスは、2017年から2018年にかけて、グループ体制の再編を行った。同社完全子会社である近畿日本ツーリスト（KNT）と近畿日本ツーリスト個人旅行（KNT個人）を会社分割し、新たに地域旅行会社、インバウンド専門旅行会社、さらにインターネット販売旅行会社を設立し、近畿日本ツーリスト個人旅行はクラブツーリズムが吸収した。改革の基本方針は「集中と分散」である。新たな挑戦を始まった。

株式会社KNT－CTホールディングス株式会社（KNT-CT Holdings Co.,Ltd.）
本社所在地　東京都千代田区東神田1丁目7番8号
設立年月日　1947年5月26日
従業員数　6，986名（グループ全体2017年3月31日現在）

2 東武トップツアーズ

――私鉄系旅行会社の雄（1956）

東武トップツアーズは、2015年、かつて大手旅行会社の一角を占め私鉄系旅行会社の雄と呼ばれた東急観光であった「トップツアー株式会社」と、やはり私鉄系旅行会社として全国区の中堅旅行会社であった「東武トラベル株式会社」との合併によって生まれた総合旅行会社である。

■私鉄系2社の合併――東武トップツアーズ

少し話はややこしくなるが、東急観光であったトップツアーが東武トラベルを吸収合併した形となり存続会社はトップツアーであるが、合併の時点では両社共に東武鉄道グループであり、当然ながら東武鉄道グループの旅行会社となる。

2016年度の旅行取扱額においては、全体で10位、国内旅行取扱額は8位、OTA、ホールセラー専業を除くと国内旅行取扱額は5位になる。名実ともに「準大手」の総合旅行会社と位置付けられる。全国展開し伝統的に団体旅行に強く、修学旅行などの教育関連では大手に引けを取らない営業力を誇る。また、東武グループ会社として東武鉄道沿線での存在感は大きい。

■東急観光の誕生――五島慶太の経営理念

東急観光の設立は、1953年には実質国民所得が戦前の水準まで回復し、日本人の生活に余裕が出てきて、レジャーに関心の目が向かれ始めていた1956年に東急グループの旅行会社として、つまり東京急行電鉄の子会社である「東急観光株式会社」として設立された。

社長は東京急行電鉄株式会社（東急電鉄）社長の五島昇であった。五島昇は、東急電鉄の事実上の創業者である東急電鉄会長五島慶太の長男である。五島慶太は、鉄道事業では優れた経営を行い、阪神急行電鉄（現・阪急電鉄）の小林一三と並び、「西の小林・東の五島」と称された人物である。

東急電鉄は戦前、鉄道網の整備と並行して沿線の洗足、田園調布、日吉台などを開発し、私鉄による近郊開発のパイオニアの役を果たしてきた。戦後はさらに、自動車部門、関連事業部門の拡充に乗り出し、観光バス営業を開始したのを契機に、伊豆、北海道、上信越などへ観光事業の進出を始めた。

五島 昇（ごとう のぼる）
1916年－1989年。東京府東京市神田区駿河台に生まれる。東京急行電鉄社長・会長。五島慶太の長男。

五島慶太（ごとう けいた）
1882年－1959年。長野県小県郡殿戸村（現・青木村）に生まれる。東京急行電鉄（東急）の事実上の創業者。小林一三と並び、「西の小林・東の五島」と言われる。

今日、国の大きな方針として定着している「観光立国」は五島慶太の経営理念であった。「日本は狭い国土に過剰人口を抱え、国際的にも経済の自立を図るためには、国策として観光事業に力を入れ、外貨獲得に役立てなければならない」という信念を持っていた。五島慶太が、特に観光資源として関心を持っていたのは、富士箱根伊豆国立公園の伊豆半島であった。東急電鉄が伊東—下田間に鉄道を敷設する考えを早くから表明していた。1954年、伊豆韮山の旅館水宝閣を買収し、伊豆開発の拠点にした。

東京にはすでに星ヶ岡茶寮や東急修学旅行会館などの施設があり、伊豆と東京の観光施設を保有する東急電鉄は、さらに事業を伸ばすためには鉄道会社の一部門として経営するより、旅行業と旅館料理店業を専門とする会社を設立して経営を行わせる方が、将来性が期待できると判断した。東急観光の設立計画は五島慶太の意志であった。旅行業は当時、日本交通公社の独占だったが、五島慶太は旅行業の大きな将来性に着目し、アメリカン・エキスプレス社を目標に設立を決意した。東急観光は設立後すぐに、旅行幹旋業の登録をし、その活動区域を日本全国とした。

設立当初は、東急電鉄から引き継いだ、星ヶ岡茶寮や東急修学旅行会館、東急

観光立国
2003年、当時の小泉純一郎首相により「観光立国宣言」され、観光は重要な国家政策課題となった。その後、2007年に観光立国推進基本法の施行、2008年に観光庁の設置が行われた。

江の島レストハウス、伊豆の今井浜真砂荘、海浜ホテルなどの経営にあたった。1958年、東京芝公園に東京タワーが建設される。大鉄塔傘下に設けられた5階建ての東京タワービルの1階の観光客用の大食堂を経営することになった。その「東急タワー食堂」の経営は軌道に乗り、東京を訪れる修学旅行団体の食事休憩場所として、重要な役割を果たすことになった。

順調な旅館料理店部門であげた利益はすべて旅行部門の事業拡大に注ぎ込まれた。旅行部門の体制を確立するために、既存旅行業者の買収と案内所の新設の方針が示され積極的に営業ネットワークの拡大が進められた。東京の渋谷と新橋の2ヶ所の案内所がそのスタートになり、続いて青森案内所が開設され、静岡県旅行会を買収して静岡案内所を開設する。これが既存旅行業者買収の第1号となる。その後も、次々に地方旅行会社の買収を進め急ピッチでネットワーク拡大は進められた。設立4年後には、北海道と九州南部を除く45ヶ所に案内所が設置された。このネットワークは、先行する日本交通公社、日本旅行会、近畿日本ツーリストに続く、業界第4位まで成長した。

東京タワー　東京都港区芝公園にある総合電波塔。1958年竣工、高さは333m。東京のシンボル・観光名所として知られる。東京スカイツリーができた現在も、年間250万人前後の来塔者がある人気スポット。

■東急観光の総合旅行会社への躍進

1960年、東急観光は旅行業務を海外旅行や訪日旅行の分野へ拡大するために、「東急航空株式会社」と合併した。合併した東急航空の前身は、ハワイアン・トラベルサービスで、主にアメリカ本土やハワイから日本を訪れる訪日観光団の旅行業務をしていた会社である。同社は取扱人数が伸びるに従って、訪日外国人旅行者に対する日本の受入体制の整備を早急する必要性を感じていた。そこで国内旅行に強い影響力のある東急電鉄に共同経営を申し入れてきた。訪日外国人旅行者を誘致斡旋し外貨獲得することは、日本の経済再建を促進することであり、五島慶太会長が主張してきたことでもあったので、これを受け入れ、同社の株式50%を取得して東急電鉄の傘下とし、1954年に社名を東急航空と改称した。

東急観光は東急航空との合併の準備として、1959年に一般旅行斡旋業の登録を受けた。そして、東急航空と合併したことにより、①国内旅行、②国際旅行部門および貨物取扱部門、③旅館料理店部門の3本の柱の体制が整った。しかし、1962年には航空部が、東急航空として独立し、一般旅行業者、航空貨物取扱業者として営業を始める。

1972年、東急観光は総合旅行業の飛躍を目指し、再び東急航空と合併する。

海外旅行業務のエキスパートが加わり、オールラウンドの対応力が備わった。同年、パッケージツアー「トップツアー」の販売を開始する。「トップツアー」は、瞬く間に知名度を上げ、先行する大手旅行会社のパッケージツアーと肩を並べるまでになる。

全国で団体営業を展開していたが、特に東日本の地方都市での学校や企業に対する営業活動には強みを持っていた。同地域では、大手3社と互角に戦い修学旅行や社員旅行を数多く獲得していた。さらに、海外旅行や訪日旅行を扱うまでに拡大し、航空貨物運送の代理店にもなった。そして1987年には近畿日本ツーリストに続き2番目となる東京証券取引所第一部への株式上場を果たした。東急グループの中においては10番目の上場企業となった。

旅行取扱額では長年業界4位をキープし、大手旅行会社の一角に位置していたが、1990年から赤字となり無配が続き、1990年代後半になると阪急交通社に抜かれ業界5位となる。2000年に入ると、バブル崩壊後の不況の長期化に加え新型肺炎SARSやイラク戦争の影響、さらにインターネットの普及による旅行販売の多様化により、取扱額の減少が続き厳しい経営状態となる。

2003年に、首都圏渉外営業事業、国際旅行ビジネストラベル事業、首都圏

航空貨物運送
空港から空港まで航空輸送される貨物を取り扱う業務。エアカーゴと呼ばれる。

個人旅行事業を分離独立し、東急ナビジョン株式会社、東急ストリームライン株式会社、東急トラベルエンタテインメント株式会社が設立され、それぞれ営業を開始する。さらに東急電鉄と株式交換を行い同社の完全子会社になり、後に東証一部上場が廃止となる。しかし、東急グループ全体でもリストラが進行し、東急観光も例外ではなく、2004年には東急電鉄が東急観光の株式の大部分を独立系の投資会社であるアクティブ・インベストメント・パートナーズに売却したため東急グループから外される。

東急観光は、東急グループを外れてからも投資会社のもとで経営再建をすすめ、2004年に分社化していた個人旅行、国際旅行・BTM、法人営業の会社3社を吸収合併し、2006年、社名を知名度の高いパッケージツアーのブランド名をそのまま会社名とし「トップツアー株式会社」となり、再起を図ろうとした。2007年、みずほ証券系ファンド会社であるポラリス・プリンシパル・ファイナンスが全株式を取得する。同社のもとで再上場を目指すことになった。

2013年、ポラリス社が保有する株式を東武鉄道が全て買い取った。トップツアーは東武鉄道グループとなる。東武鉄道には既にグループ内に中堅旅行会社である東武トラベルがあった。2015年、その東武トラベルと合併、「東武トッ

BTM
ビジネストラベルマネジメント（Business Travel Management）。企業の出張業務を一元的に受注・管理し、出張費用の削減、経費管理、危機管理などのサービスをする部門。

プッアーズ株式会社」に社名変更する。

■東武トラベルという旅行会社

東武トラベルの前身は、1949年に設立された「全日本観光株式会社」である。本社を東京都港区芝に構え、日本交通公社、日本旅行会、近畿日本ツーリストに続く、旅行会社として国内旅行斡旋業務を展開していた。1947年、国鉄団体乗車券の代売複数制度ができると先行社と共に認可を受けている。1962年には一般旅行業登録を受けた。

1964年には東京駅八重洲口の日動八重洲ビルに本社を構え、1965年にはIATAから国際航空路線搭乗券代理店の承認を受ける。これに承認されると、国際航空路線の搭乗券を取り扱えるだけでなく国際ホテル、国際運輸機関の予約業務も取り扱いできるようになり、海外旅行の取り扱いを拡大した。国鉄団体乗車券と国際航空路線搭乗券の販売が一本化され、旅行営業の相乗効果は高まった。当時、この取り扱いができたのは、日本交通公社と日本旅行会だけであった。旅行業の強化に取り組んでいた東武グループにとっては大きな存在となった。

もう一方の前身は、1954年に設立された「東武鉄道観光株式会社」である。東武鉄道は早くから観光事業に力を入れており、特に沿線観光に着目していた。東武鉄道沿線を営業エリアとしていたが、都内各所にも旅行案内所を開設し、乗車券や、宿泊券や航空券を販売する業務をしていた。高度経済成長による消費ブームやレジャーブームの追い風を受け、取扱額を増加させていた。１９６４年に出来た東京駅八重洲口の日動八重洲ビルでは、全日本観光と2社によるインフォメーションセンターをオープンし、東武鉄道の特急券の他、宿泊券、国内外の航空券、団体貸切バスなどの受付をした。

１９７１年、全日本観光は東武鉄道観光と合併し、「東武トラベル株式会社」に商号変更した。東武トラベルは、「まごころ"Warmheart"」「しなやか"Flexible"」「チャレンジ"Challenge"」を企業理念としてスタートした。支店は北海道から九州まで全国に60余りに展開され、全国区の総合旅行会社であった。

１９７３年、海外パッケージツアー「ユニック」の販売を開始する。個人営業だけでなく、一般団体旅行や修学旅行にも力を入れ、大手旅行会社と全国各地で戦っていた。１９８５年、行程管理システム「ＴＯＵＲＳ」を導入している。

２０１２年、東京スカイツリー開業に伴い、東京スカイツリータウン内に2店舗を新設している。２０１５年、東武トラベルは、同じ東武鉄道グループになっ

東京スカイツリー
東京都墨田区押上にある総合電波塔。高さは６３４ｍ。２０１２年に電波塔・観光施設として開業した。東武タワースカイツリー株式会社は東武グループの一社である。年間４００万人以上が来塔する。

ていたトップツアーに吸収合併と言う形で合流し、「東武トップツアーズ株式会社」となった。

■東武トップツアーズのスタート

東武トップツアーズは、規模の大きい旅行会社であったトップツアーが規模の小さい東武トラベルを吸収合併し設立されたが。その歴史を見ていくと東武が旧東急を飲み込んだ形ともいえる。本社は、東武鉄道の膝元、東京都墨田区の東京スカイツリーのイーストタワーに設置された。

今後はトップツアーが持つ全国で通用する法人営業の強みや北米、アジア、欧州、オーストラリアに広がる海外ネットワーク、東武トラベルの沿線観光地や教育旅行などの強みが融合され相乗効果を上げることが期待されている。これまで東武グループの旅行関連サービスが関東地方に集中していたことから、トップツアーの事業基盤を活用して全国からの需要取り込みを目指すことになる。

団体旅行の強化やアジアマーケットを見据えたインバウンドの需要獲得に取り組むとともに、もともと得意分野である東京スカイツリーや日光、鬼怒川温泉など東武沿線の観光地への送客についても一層強化するという。また、新会社発足後もパッケージツアーは旧東武トラベル、旧トップツアーのブランド（ユニック・CUTE）を販売していたが、2016年、国内・海外のパッケージツアーの新ブランド、「Feel（フィール）」を発表した。

前述したが、2016年度の旅行取扱額においては、全体で10位、国内旅行取扱は8位、OTA、ホールセラー専業を除くと国内旅行取扱は5位になる。2社の合併により、「準大手」から「大手」にステージを上げる可能性のある位置に来ている。しかし、競合は既存の大手旅行会社だけではなく、OTAや異業種から新規参入する新たなビジネスモデルを持った旅行会社である。私鉄系総合旅行会社の雄、2社の合体したパワーが新たな展開を生み出していくことが期待される。

東武トップツアーズ株式会社（TOBU TOP TOURS CO.,LTD.）

本社所在地　東京都墨田区押上1丁目1番2号
設立年月日　2015年4月1日（創立 1956年1月31日）
従業員数　2,519名（2018年4月1日現在）

Ⅳ　ホールセラーとランドオペレーターの誕生

１９６４年、アジアで初めての東京オリンピックが開催された。この年、東京オリンピックに照準を合わせ、国内の観光インフラが整備される。東京―新大阪間に東海道新幹線が開業し、名神高速道路が開通し、羽田空港が拡充、東京モノレールが開業される。また、大型都市ホテルが次々に建設され、開業している。

さらに、この年、国際社会への復帰という観点から、日本人の「海外観光旅行自由化」が実現した。いよいよ海外旅行時代の幕開けとなった。このように、日本の観光の発展にとって画期的な出来事のあった１９６４年は「観光元年」と呼ばれている。

海外観光旅行が自由化された翌年、１９６５年、日本航空が海外パッケージツ

大型都市ホテル
１９６４年の東京オリンピックに向けて、１９６２年にホテルオークラ、１９６３年に東京ヒルトンホテル、１９６４年にホテル高輪、東京プリンスホテル、ホテルニューオータニ、羽田東急ホテルなど国際的に通用する都市ホテルが次々にオープンした。

アー「ジャルパック」を発売する。1968年、日本交通公社（現JTB）が日本通運と共同で、海外パッケージツアー「ルック」の販売を開始する。その後、旅行会社各社が続々とブランド名をつけて同様のパッケージツアーを発表する。旅行会社はパッケージツアーを商品化することにより旅行需要を一気に拡大させていった。

1970年、400～500人もの乗客を運ぶことのできる大型旅客機ボーイング747機が世界中に就航する。大量輸送時代に突入し、航空運賃が低下する。パッケージツアーの普及を加速させる出来事であった。

国内旅行分野でも、1970年に日本交通公社が国内パッケージツアー「エース」を、引き続き、近畿日本ツーリストが「メイト」を、日本旅行が「赤い風船」を販売開始している。

そもそも、代売、仲介をビジネスとしていた旅行会社が初めて、自社が自ら企画し、仕入れ、造成し、値付けするオリジナル商品を手に入れたことになる。この時、旅行会社は旅行代理店から名実ともに旅行会社になったのである。その後、国内・海外のパッケージツアーは各社の主力商品となっていく。

当初、パッケージツアーは専業のホールセラーや総合旅行会社のホールセール部門が企画し実施した。専業のホールセラーは旅行各社に委託して販売し、総合旅行

ボーイング747
アメリカのボーイング社が開発・製造する大型旅客機。「ジャンボジェット」の愛称で知られる。日本においては1970年の登場だった。世界初のワイドボディ機であり、初の2階建て客室を持つ機体である。大量輸送により運賃が低下し、航空旅行の大衆化が世界的に進んだ。

会社のホールセール部門は自社および他社に委託して販売した。総合旅行会社としては、ＪＴＢ・日通航空の「ルック」、近畿日本ツーリストの「ホリデイツアー」、日本旅行の「マッハ」などが市場に浸透していった。ホールセラーは先行した「ジャルパック」の旅行開発、そして「ジェットツアー」の中立系であったホールセラー世界旅行（後に倒産）などがあった。

パッケージツアーを企画造成するには、現地のランドオペレーターが必要である。ランドオペレーターとは、海外旅行を企画造成する旅行会社から依頼を受け，その旅行先の現地の交通機関、ホテル、ガイド、レストランなどの地上手配を専門に行う旅行会社のことである。海外旅行を取り扱う旅行会社は、現地の地上手配にランドオペレーターを利用した。海外旅行の取り扱いが拡大してくると、大手旅行会社は海外各都市に支店や子会社を持ち、独自のランドオペレーション機能を持たせていくことになる。しかし、今日でもほとんどの旅行会社は現地のランドオペレーターを利用している。ランドオペレーターは現地の旅行事情に詳しい外資系旅行会社がほとんどであったが、ミキ・ツーリストなど日系のランドオペレーターも世界各地に誕生する。近年はこのような旅行会社をツアーオペレーターと呼ぶことが多い。

1 ジャルパック

――パッケージツアーをつくった旅行会社

（1969）

ジャルパック（JALPAK）は1965年に日本航空の海外旅行パッケージブランドとして発売された。以来、海外パッケージツアーの代名詞とも言われ、1969年以降はホールセラーの「旅行開発株式会社」（1987年に第2ブランドとして「AVA（アヴァ）」を発売、その後1991年に第1ブランド名であった「ジャルパック」を「I'll（アイル）」、社名を「株式会社ジャルパック」に変更）が企画・運営・管理・販売をしている。2011年には国内と海外のブランドをJALパックに統一し、新生「株式会社ジャルパック」としてスタートを切った。

■日本初の海外旅行パッケージツアー「ジャルパック」誕生

観光目的の海外渡航自由化は1964年に始まったが、当時は出張などの業務渡航がほとんどで、誰にどんな風に旅行を頼んでいいのかさえ手探りの時代だった。ジャルパックは海外旅行初心者にも「フライトはJAL」「日本語で行ける」「ツ

海外渡航自由化
1964年、海外観光旅行に誰でも行けるようになった。それ以前は、留学、技術指導や輸出入業務、企業や役人の視察などにのみ許されていた。自由化当初は、1人年間1回限り、外貨の持ち出しは500ドルまでだった。

アーコンダクター（添乗員）が同行してくれる」という絶対の安心感を与え、日本人の海外旅行を後押ししてきたブランドである。

１９６５年1月20日、国産初の海外旅行パッケージブランド「ジャルパック」の第1弾全7コースが日本航空により発売になる。ＩＡＴＡ加盟の旅行会社が販売した。第一陣となる「ヨーロッパ16日間のコース」は同年4月10日に羽田空港を出発。旅行代金は67万5千円と、大卒初任給が2万1千円の時代に、今の価格では約６７０万円と高額の旅行商品として発売された。当時はツアー参加者にＪＡＬのロゴの入ったトラベルバッグを配布していて、このバッグを持っていることが海外旅行にジャルパックで行ったというステイタスにもなったという。

１９６９年にはジャルパックのホールセラーとして「旅行開発株式会社」が設立される。日本航空だけでなくＪＴＢを含むＩＡＴＡ公認航空代理店52社も株主になっている。英文社名は「Japan Creative Tours」で〝Creative〟という言葉にこだわりを持ち、価格競争に陥らない企画勝負のツアーを開発する、日本で初めての卸売専門旅行会社であった。高品質のパッケージツアーを円滑に運営するために欠かせないのが優秀なツアーコンダクターである。旅行開発ではツアーコンダクター育成のためのカリキュラムが組まれた。教育を終えたツアーコンダク

国産初
１９６４年、海外航空会社であるスイス航空の「プッシュボタン」が日本初のパッケージとして登場している。

ターは、同年11月2日から自社のパッケージツアーを率いて旅立っていった。
1970年1月には大型のジャンボジェット機の就航を機に、太平洋路線にバルク運賃が導入される。ボーイング747は国際線で361人乗りと従来のダグラスDC－8の130人乗りに比べて約2．8倍と座席数が大幅に増え、業務渡航だけでは絶対に埋まらない席数であった。
「ハワイ6日間」が14万6千円と従来に比べ半額ほどになり、ハワイがハネムーンの定番となっていく。ジャルパックでは1970年に新婚旅行向けの『ジャルパックSWEET』を販売開始している。テレビでの宣伝も大量に行われ、〝ハネムーンはジャルパック〟のイメージが浸透していった。当時は、ハワイでも今日のようなラフな服装ではなく男性はスーツにネクタイなど正装でハネムーンに行く人も多かった。Yクラスの3人席ではカップルを隣同士にするのにとても気を遣ったようである。

■ノン・エスコートツアーの拡大

ノン・エスコートの旅はJAL便というバックグランドに支えられ、拡大していく。往復のJAL便利用なら空港でのチェックインも機内でも日本語が通じ、

バルク運賃
ジャンボジェット機の就航時に導入された大量輸送による大幅割引運賃。

Yクラス
エコノミークラスのこと。航空座席クラスはFクラス（ファースト）、Cクラス（ビジネス）、Yクラス（エコノミー）に分類され、近年はその他クラスもでき、各社により呼び名も異なる。

ノン・エスコートツアー
添乗員の同行しないパッケージツアー。国内の出発空港では旅行会社が斡旋し、到着空港では現地スタッフが斡旋し、現地の移動・観光が付いている場合は現地ガイドが同行する。

言葉に不安があっても安心な旅が提供される。また海外の航空会社ではあまりなかった就航都市のミニガイドブックや機内用のスリッパなどのアメニティ・グッズも座席に用意されていた。１９７２年には『ＭＹ　ＰＬＡＮ』という自由行動を取り入れた商品がヨーロッパなどのツアーコンダクターが同行する周遊型中心の方面で発売される。「ＭＹ　ＰＬＡＮ・パリ12日間」では都市に滞在し、自由にパリを楽しむ商品が29万８千円と手頃な価格で販売された。当時ヨーロッパ往復の普通航空運賃は48万８千円だったので、ホテルを入れて30万円を切ると、何とか憧れのパリに行けるのではと多くの人が考えるようになった。

貸切りバスを使わず、徒歩やメトロを使った観光で、活躍したのは現地受入体制強化のために開設されたパリのジャルパック駐在員事務所である。滞在ホテルにもデスクを置き、鉄道やバスの発着時刻、レストランの紹介まで様々な問い合わせに応じた。女性誌の『an･an』や『non-no』にもパリ特集などヨーロッパ都市の記事が掲載され、アンノン族の若い女性に支持された。

１９７８年２月にはアンチ・パック宣言として若者向けの自由旅行『zero（ゼロ）』が発表される。若者対象の黄色いパンフレットが目印で、「僕の前に道はない。僕の後に道はできる。」と広告では高村光太郎の『道程』のフレーズが使わ

アンノン族
１９７０年代中期から１９８０年代にかけて流行した現象を表す語。１９７０年創刊『an･an（アンアン）』、１９７１年創刊『non-no（ノンノ）』は、多数のカラー写真による旅行特集を掲載し、それら雑誌を片手に一人旅や少人数で旅行する若い女性が急増した。

れていた。内容も単なる商品の説明ではなく、旅のコラムのような記事が掲載されて、他の旅行パンフレットと一線を画していた。このパンフレットは、第20回全国カタログ・ポスター展で通産大臣賞を受賞している。

『zero』はアメリカとヨーロッパ方面があり、例えばアメリカでは到着都市と出発都市を決めたら、後はレンタカーを借りてラマダホテルチェーンに契約したクーポンで泊まることができるなど、FITの先端をいく画期的な商品だった。カテゴリーは、到着地と最終出発地だけが決まっている「MY ROAD」、複数都市を自分たちだけで周遊していく「MY SCENE」、キャンプ、ホームステイ、スポーツ体験、音楽鑑賞などのできる「MY FELLOW」の3タイプがあった。ただ、販売窓口では商品知識を持った人が何パターンもあるリクエストに応えていかねばならず、手間をなるべく省きたいリテーラーには不評であったようだ。

1987年には「気軽にいい旅」として『AVA』が発売される。手軽さと低価格をコンセプトとした商品で、ジャルパックの第2ブランドの位置付けであった。

1991年、海外旅行業界に衝撃が走る。ハネムーンの定番とも言われた『ジャルパック』が『I'll』にブランド名を変更したのだ。しかも、メインパンフレット

FIT
Foreign Independent Tour の頭文字をとった言葉で、海外個人旅行のことを指す。Free Individual (Independent) Traveler (個人自由旅行) の意味もある。

ホームステイ
留学生などが、現地の一般家庭に宿泊しその国の生活体験をすること。受け入れる家庭のことをホスト、その家族をホストファミリーと呼ぶ。

の表紙は黒字に赤い文字でI'llと書かれ、方面名だけで写真も無かった。斬新でもあり、無謀でもあった印象がある。実際、結婚式場では旅行会社の新婚旅行向けパンフレットを並べているが、おめでたい場所での黒いパンフレットは不評で、翌年からは白地に赤文字で写真入りのパンフレットに変わっていった。ブランド名の変更に合わせて、旅行開発の社名は「株式会社ジャルパック」に変わる。

テレビＣＭも人気の女性アーティストを起用した大々的なものであった。「気軽ないい旅」のＡＶＡに対してI'llは「上質な旅」とされ、ホテルや食事の質がよく、旅先でゆっくりと過ごせるというコンセプトであった。I'llはその後２０１０年にＡＶＡと統合され、新「ＪＡＬパック」ブランドとなった。

■ジャルパックが創り上げてきた日本の海外旅行

ジャルパックは50年にわたり日本人の海外旅行を、英文社名の Creative の通りに創造してきたホールセラー会社である。ほぼ同時期に株式会社世界旅行がジェットツアーのブランド名でホールセラーを立ち上げたが１９９８年に倒産している。ホールセラーは自社店舗を持たないため、リテーラーである旅行会社がセールス先で、社員は消費者とではなく旅行会社の販売担当者に売り込む。対応するのは旅行のプロのため、商品を見る目は厳しく、品質と新しいアイデアが常に求められる。

日本人にとってハワイは特別なエリアと言っていい。最初に選ばれた海外のハネムーン先であり、海外挙式の№1エリア、子どもと一緒に行きたいファミリーエリア、将来住んでみたい海外ロングステイエリアと、いくつもの顔を持つデスティネーションだ。各旅行会社がもっともしのぎを削るのもハワイで、JTBやH.I.S.のハワイ専門店舗も登場している。ジャルパックは1971年6月にハワイコースのエスコートを廃止して、ノン・エスコート化した。日本から添乗員が同行するのではなく、現地法人を強化し、現地で全て対応することで大量送客を可能にしてきた。まさに仕事の流れが変わる仕組みづくりで、1972年にはモアナ・ホテルに現地で旅の相談などができるジャルパック・ラウンジを開設している。

そのモアナで始めたのが、ジャルパック専用ルームである。モアナ・ホテルは1901年にワイキキで開業した初めての大型施設で、「ワイキキのファーストレディ」と呼ばれている。コロニアル風の白い玄関はハネムーナーの憧れでもある。現在はモアナ サーフライダー ウエスティン リゾート&スパとなっている。

海外ロングステイ
生活の源泉を日本に置きながら海外の1ヶ所に2週間以上滞在し、その国の文化や生活に触れ、国際親善に寄与する海外滞在型余暇を総称したもの。
＊ロングステイ財団の定義

デスティネーション
旅行目的地のこと。

コロニアル風
コロニアル様式の建築スタイル。コロニアルは植民地の意。その土地の材料や風土と母国の建築様式の結合に特色がある。建物は正面にポーチがつき、大きな窓やベランダがある。

1987年からの2年間の大規模なリニューアルを機にジャルパックの中で、最もハワイで緑の深かったホテルと何かをしたいという気運ができ、海側のオーシャンフロントの部屋の一部を買い取って、部屋番号で売り出すことになった。その中でも注目を集めたのがタワー・ウイングの各フロアに一つかしかない「96シリーズ」というスイートルームで、バルコニーからはダイヤモンドヘッドが一望でき、ダイヤモンドヘッド・スイート96号室と呼ばれている。専用ルームはその後、ロイヤル・ハワイアンやシェラトン・ワイキキ、ハイアット・リージェンシーなどにも広がっている。

1988年には、今までのハワイツアーの常識を覆すジャルパック・ハワイ「わ、イキイキプラン」を発表した。このプランはホテルの部屋を前日からリザーブして、ホノルル到着後すぐにチェックインできるようにしたもので、ハワイコースに革命をおこすダイレクト・チェックインだった。通常ハワイは日本から空路で片道7時間半かかる。夜に日本を出発し、翌日の朝にオアフ島につくため、ホテルにチェックインできる15時まで、観光などで時間をつぶすことになる。ハワイが初めてならまだしも、リピーターには寝ぼけながらの観光は苦痛でもあった。このプランは特に子供連れのファミリーに好評で、ジャルパックが始めたダイレ

スイートルーム
ベッドルームとリビングスペース、応接間などで構成された、ゆったりとした客室。通常のホテルでは上級のカテゴリーの客室となる。

クト・チェックインは、その後各社が取り入れている。

■専業ホールセラーからの転換

２０１０年1月に日本航空は会社更生法を申請し、経営破綻した。高品質で安心感を訴求してきたジャルパックにとっても大きな痛手になった。日本航空再生計画の一環として打ち出されたのが、関連会社の整理・再編である。２０１１年には国内旅行を造成してきたジャルツアーズを統合して、国内旅行パッケージツアーも「ＪＡＬパック」に統一された。鶴丸マークもＪＡＬの再生に合わせて復活し、海外も国内もＪＡＬパックで販売されている。２０１４年度にはジャルパックブランド50周年を迎え「いい旅、あたらしい旅。」を掲げクリエイティブな旅を創造し続けている。

近年はホールセラーで長年培ってきた海外ネットワークとホテルなどの仕入れ力を生かし、他の旅行会社からの手配を受けるツアーオペレーター事業に参入した。海外での有名ホテルの仕入れはお互いの信用が第一で、ヨーロッパやハワイでの信頼は高い。

また、インターネットによる直販も時代の流れで取り入れるようになった。特

鶴丸マーク
ＪＡＬグループの日の丸と鶴をモチーフにしたロゴマーク。１９６０年、機体に初めて「鶴丸」が塗装された。２００８年一旦消滅する。２０１１年に再度「鶴丸」マークが復活した。

に力を入れているのが「ＪＡＬダイナミックパッケージ」で往復航空券と宿泊施設、オプショナルツアーを自由に組み合わせた分かりやすい商品である。タイムセールも積極的に行い集客に努めている。テーマごとの一人旅などユニークなものも多い。

株式会社ジャルパック（JALPAK Co., Ltd.）

本社所在地　東京都品川区東品川２丁目４番11号
設立年月日　１９６９年４月４日（旅行開発株式会社）
従業員数　５０２名（２０１７年12月現在）

ダイナミックパッケージ
旅行者が航空やホテル、レンタカーなどを自由に選んで組み合わせ、ウェブ上で完結するパッケージツアーのこと。

オプショナルツアー
旅行先での自由行動時間（フリータイム）に希望者が別料金を支払って参加する小旅行、アクティビティなどのこと。自分の好みに合わせて選ぶことができる。

2 ミキ・ツーリスト

――海外ツアーオペレーターの先駆者（1967）

株式会社ミキ・ツーリストは、日本を代表するツアーオペレーターである。1967年7月に設立され、2017年には50周年を迎えた。GROUP MIKI には全世界で1,400人のスタッフ（2018年1月）が所属している。今日、ヨーロッパで日本人が快適に旅行できるのは、この会社のお蔭と言っても過言ではない。ミキ・ツーリストの歴史は、欧州と日本の様々な慣習の差を一つひとつ調整していった歴史でもある。

■ヨーロッパと日本の慣習の差を埋める会社

日本人は、海外を旅行するときにホテルにはバスタブがあり、夫婦でもツインベッドが用意されているのを当たり前と考えるが、欧州では夫婦の場合はダブルベッドが当然で、シャワーだけのホテルも多い。ミキ・ツーリストが創業したころは、日本人の海外旅行はビジネス目的の渡航が主で観光旅行は少なかった。旅行代金も特にロングデスティネーションのヨーロッパは非常に高額で、一生に一度の思いを込めて旅行する時代であった。そんな時代に、ミキ・ツーリストは欧州のホテルやレストラン、バス会社に日本人が求めているサービスを丁寧に説得していったという。

創業者の中西成忠は1964年に英国に渡り、近代旅行業の祖とされるトーマス・クック社に初めての日本人として採用された。日本にも同社のオフィスがあったが、それは英国人旅行者の便宜を図るためのものであった。その後中西は独立し、1967年ロンドンで逆に〝日本人旅行者のための日本人によるヨーロッパ手配の会社〟を設立する。ロンドン3人、パリ1人、東京2人の6人のスタートで、日本人の旅行者をどう迎えられるかが一番の課題であった。そこで、商習慣や言語の異なる日本の旅行会社と欧州のホテルやレストランとの間のクッション役となり、日本人が期待するサービスを翻訳してきた。それが、欧州系オペレーターではまねできないサービスをする会社として日本と欧州の双方で存在感を得ることになった。

翻訳の役割は一方的なものではない。例えば、日本人旅行者にもイタリアのパスタは芯が残るアルデンテが本来のパスタの食し方であることなど、文化的な通

ロングデスティネーション　海外旅行においてはヨーロッパ、北米などの遠隔の旅行目的地。国内旅行においては北海道、九州、沖縄のこと。

中西成忠（なかに しげただ）　1938年－2006年。ロンドンでミキ・ツーリストを設立。我が国におけるツアーオペレーターの草分け。日本海外ツアーオペレーター協会（OTOA）会長を2期務める。

訳も果たしてきた。他国の生きた慣習を文化として理解し、学び、楽しむことにこそ旅行の目的がある。また、ビジネス渡航の旅行行動も日本人は常にグループで行動し、同じバスに乗り、名所旧跡を巡るときも食事の際も、そして寝るときも団体行動をとったため不可解に思われることもあったが、同時に、文句も注文も付けない上客として扱われてきた。それゆえに、欧州のホテルやレストランで不十分なサービスを強いられることもあったが、ミキ・ツーリストはその度にホテルやレストランに日本人に適切なサービスの提供を根気強く求めていったという。

■レジャーパッケージの増加とコンピューター化

1970年代に入りジャンボジェット機が就航するとレジャー型のパッケージツアーが一気に拡大した。最初に取り扱ったツアーは阪急交通社の「ヴィーグル」だったという。それまでは業務渡航が主だったが、パッケージのツアーが多くなると手作業の台帳管理では間に合わなくなり、コンピューターシステムを導入する。コンピューターによる見積もりやヨーロッパの各オフィスと直交信でつなぐもので、当時のどの産業から見ても画期的なシステムであった。それまでは、海外への電話代が非常に高額であったため、国際電話は上司の承認が必要で、もっぱらテレックスを使用していた。テレックスのリードの紙がオフィスの端から端まで広がったそうである。

1980年代に入ると旅行の低価格化が進み、旅行者数は一気に拡大するが、一方でツアーのパターン化が進み、どれをとっても金太郎飴的な商品が多くなった。1990年代前半にはパッケージツアーは全盛期を迎え、1コースで1，200人というツアーも出現していた。ホテルも年間で100万ルームナイツを押さえる状況になっていた。ミキ・ツーリストでは、増大する手配業務に対応するため、時代に先んじて、「オスカー」というコンピューター手配システムを構築している。

1990年代に入ると、画一的なパッケージツアーから離れて、独自に航空券とホテルを手配するFIT化が進んでくる。ミキ・ツーリストでも海外個人旅行ブランドの「μ.（みゅう）」を発売する。ホテル、送迎、観光、ミールクーポン、各種チケットなど豊富な旅行素材が揃っており、多様化する個人旅行ニーズにマッチしたものであった。また、「ホテル予約システム ZEUS」も完成する。

テレックス
文字情報を交換するネットワーク通信機器のことで、FAXやEメールが普及するまでは国際間のビジネス用途に使われた。

ルームナイツ
予約客室数、または使用客室数に宿泊数を掛けた数。

■当初からグローバルだった企業風土

ミキ・ツーリストでは、1975年までにヨーロッパに15の手配オフィスを設けている。つまり創業時から欧州現地で日本人、ヨーロッパ人双方の社員を雇用し、海外のサプライヤーと取引をして仕入関係を強化してきた。海外との連絡方法は、インターネット普及以前はテレックスやFAXである。ロンドンと東京の時差は9時間あり、日本の終業時間の夕方6時は英国の始業時間の朝9時となる。

欧州オフィスでは休暇の取り方もはっきりしており、フランスやドイツのスタッフのバカンスは1ヶ月におよぶ。業務の引継ぎも日本ほど明確に行われていないので、いきなり担当者が休暇に入り、慌てることもあったという。また、国によっては業務への対応方も異なり、ラテン系のスペインやイタリアのオフィスではルールを作るが、運用は現場の判断が優先される。ドイツのオフィスはルール通りだが、厳格で融通が利かない面もあったという。

ヨーロッパの手配業務はロンドンオフィスとヨーロッパ各国オフィスで行うが、各国のホテルやレストランとは取引先の言語に合わせてイタリア語やスペイン語、ポルトガル語で仕入れ交渉をしなければならない。現在、海外関連会社はヨーロッパ13ヶ所、アジアは香港が中心で5ヶ所、北米はハワイの1ヶ所と19ヶ国・地域

バカンス
休暇のフランス語。特に、夏期・クリスマスなどの連続した長期休暇を指す。フランスの法律では、休暇は連続5週間まで取得可能、ドイツ、イタリアでも2〜3週間の長期休暇が一般的。

におよび、26ヶ国地域・36都市のネットワークになっている。海外のサプライヤーと強力な仕入関係を構築するためには、まず支払いが遅延しないことが大事でアジアのツアーオペレーターの中でも信頼はトップクラスになっている。

■ワールドカップ・ユーロディズニー・クルーズ船のＧＳＡに

ＧＳＡとは総代理行為をまかされた総代理店のことであるが、ミキ・ツーリストは１９９０年にイタリア・ワールドカップサッカー、１９９１年のイギリス・ラグビーワールドカップ日本地区総代理店になっている。１９９２年にはユーロディズニーリゾートホテルの日本地区販売権を獲得し、２００１年にはディズニーランド・リゾート・パリの日本総代理店となった。

海外クルーズにも力を入れており、１９９５年にロイヤル・オリンピック・クルーズ社の日本総代理店になったのを皮切りに、セレブリティ・クルーズ社、ロイヤル・カリビアン・インターナショナル・クルーズ社の日本総代理店となり、２０１０年には外国客船による初の日本発着クルーズを販売、「レジェンド・オブ・ザ・シーズで航く上海・韓国クルーズ」はその年の「クルーズ・オブ・ザ・イヤー」のグランプリを受賞した。

ＧＳＡ
passenger general sales agent、航空会社や観光施設、イベントなどの総代理行為を依託された総代理店のこと。

クルーズ・オブ・ザ・イヤー
一般社団法人日本外航客船協会が主催する、クルーズ・マーケット拡大に貢献した商品を企画造成、実施した旅行会社等を顕彰するコンテスト。２０１７年で10回目。

■インターネット時代のツアーオペレーターの役割

２０００年代に入り、インターネットが普及してくると連絡はＥメールになり取得できる情報量は格段に向上していった。同時に、インターネットはＥＣ（電子商取引）市場を拡大させ、ホテルなどサプライヤーと旅行会社、そして旅行者との直販の時代を生んだ。レストランや観光施設の情報も、ツアーオペレーターを介すことなく直接ネットで調べることができるようになると、ツアーオペレーターの役割が以前とは変わってくる。

欧州の旅行会社は、垂直統合型に動き出している。英国のトーマス・クック社やドイツのＴＵＩのように旅行会社自らが航空会社やホテルを傘下に持ち、素材の買取りだけでなく自社保有することで価格と品質をアピールするようになった。日本においては、業界の中で垂直統合や、これまでの分業型を更に徹底していくものなど、展開は様々であり、注視が必要である。

創業者の中西は、現地に最も密着しているツアーオペレーターとして、日欧の旅行需要の創造・拡大に注力しなければならない時代に差し掛かっているとしている。

■創業者中西成忠について

中西成忠という人物の歴史は、そのままミキ・ツーリストの歴史であり、日本のツアーオペレーターの発展の歴史でもある。中西が最初に渡欧したのは1963年のローマで、就職した商社の海外支店設立のためであった。その後、1964年にトーマス・クック社に入社するが、日本人が満足できる手配を、とマネージャーに提言したが却下されたことで、同社を退社し、1967年にMIKI Tourist Co. Ltd. を英国で設立した。株式会社ミキ・ツーリストは1988年に東京支社を日本法人化したもので、設立は英国が先である。1976年に営業強化と旅行会社との関係強化のため日本に戻る。それ以前にも中西は必ず日本に戻ると手配を発注した旅行会社の企画担当者を訪れ、問題点をお互いに話し合って改善した。当時の企画担当者は添乗員も兼ねていていることが多かった。

1982年には日本海外ツアーオペレーター協会の会長に就任し、旅行会社とツアーオペレーターの健全な関係構築に尽力する。例えば、契約書一つを挙げても口約束が基本であったものを、海外地上手配基本契約書を作成するようにするなどである。1995年には日本旅行業協会（JATA）の運営委員に就任し、航空座席やホテル客室をブッキングするだけで買い取らず、企画商品として販売

日本海外ツアーオペレーター協会
OVERSEAS TOUR OPERATORS ASSOCIATION of JAPAN。海外旅行の現地手配サービスを行うツアーオペレーター業界の団体。略称を「OTOA JAPAN」（オトアジャパン）と呼ぶ。

する日本のホールセラーのやり方に疑問を呈し、常に改善を唱え続けていた。
1999年にはフランス共和国より国家功労章「Officier」、英国Walpole Committeeより「The Walpole Medal」を受章している。2000年には「インバウンドツーリズムの重要性と可能性に関する私見」を当時の運輸省国会議員委員会に提言した。2006年に亡くなられたが、ツーリズム産業の発展に貢献したことで2008年には日本国際ツーリズム殿堂入りを果たしている。

株式会社ミキ・ツーリスト　(MIKI TOURIST Co., LTD.)

本社所在地　東京都港区浜松町1丁目18番16号
設立年月日　1967年7月1日
従業員数　253名（2018年1月1日現在）

日本国際ツーリズム殿堂
日本の国際ツーリズム産業の発展に貢献してきた人を顕彰し、後世に伝えてゆくことを目的に2004年に創設された。

V　熟年向けパッケージツアー会社の誕生

パッケージツアーとは、旅行会社が出発地（集合場所）から帰着地（解散場所）までの全旅程を管理する形態の旅行商品である。旅行会社自らが企画し、旅行素材を仕入れ、造成、値付けし、パンフレットや新聞広告、インターネットなどで告知・宣伝し募集する旅行会社のオリジナル旅行商品である。旅行業約款上は「募集型企画旅行」となる。

パッケージツアーは、旅行会社には「旅程保証」責任があり、旅行内容が変更になった場合には変更補償金が支払われる。また、不慮の事故などによる損害には「特別補償」が適用され補償金が旅行者に支払われる。品質管理され、販売の手間もかからず、収益性の高い商品なので、どの旅行会社も販売に力を入れている最主力商品である。

パッケージツアーは、旅行の構成要素により大きく3つに分けることができる。一つは「フルパッケージ」である。宿泊、交通、観光、食事などセットされているパッケージツアーで、出発地から帰着地までの全旅程に添乗員が同行するのが基本形である。添乗員は同行しないが到着の空港から現地滞在中、現地ガイドが対応するツアーも含まれる。国内・海外ともに周遊旅行、熟年旅行などに多い。次に「スケルトンパッケージ」がある。往復航空や列車と宿泊、送迎のみセットされたパッケージツアーで、一般的は「フリープラン」と呼ばれているものである。近年のパッケージツアーの主流である。そして、「ダイナミックパッケージ」で、上記のパッケージツアーとは全く異質な、ウェブ上で完結する新しいタイプのパッケージツアーである。自由でダイナミックな旅程を可能にする旅行商品であり、価格も毎日変動するシステムとなっている。次世代のパッケージツアーと言える。

また、パッケージツアーは販売方法により大きく2つに分けることができる。一つは「ホールセール商品」と呼ばれ、ホールセラーや総合旅行会社のホールセール部門が企画造成したパッケージツアーで、自社および他社に委託して販売するパッケージツアー商品である。一般の旅行会社の主力商品である。もう一つは「ダイレクトセール商品」と呼ばれ、企画造成した旅行会社が自社のみで顧客に対して直接

周遊旅行
名所・観光スポットの見学を目的に、複数の観光地を移動し宿泊地を変えて行く旅行形態。近年は、一つの都市やリゾート地での滞在型旅行が増えてきている。

販売するパッケージツアーのことである。通常、新聞広告や組織会員を通じて募集し実施する。他社での委託販売は原則的にない。

　ダイレクト商品を中心に販売している旅行会社は、「製販一体型旅行会社」と呼ばれる。旅行の製造小売業、旅行会社版のSPAである。旅行商品を素材仕入から企画、造成、手配、宣伝、販売、手続、催行、そして添乗まで一貫して自社で品質管理する旅行会社である。

　ダイレクトセール商品の代表格が、大規模な新聞広告ときめ細かな顧客管理手法を使って、格安なパッケージツアーをコールセンターと呼ばれる電話受付の仕組みを使って、広域から募集をする「メディア販売商品」である。新聞広告で馴染み深い「トラピックス」「クラブツーリズム」「旅物語」などである。

　決して大規模とは言えないが、新聞広告を掲載し、旅行説明会なども開き、店頭でも丁寧に相談にのり、リピーターを増やしている旅行会社も案外多い。特徴ある良質なパッケージツアーを企画造成している旅行会社である。とりわけ、フルパッケージツアーを利用する余裕ある熟年・シニア層向けの旅行に特化した旅行会社が大きな存在感を示している。

SPA
Specialty store retailer of Private label Apparel の略。企画から製造、小売までを一貫して行うアパレル分野のビジネスモデルのこと。製造小売業。

1 ワールド航空サービス
——熟年向け海外パッケージツアーを定着（1971）

プロダクトアウトからマーケットインへ。1990年代に入り、旅行は造れば売れた時代から、いかに顧客のニーズに耳を傾け、消費者にマッチした商品を売るかに変わってきた。十人十色、さらには一人十色とも言われる時代が始まる。しかしながら、多様化する旅行者ニーズに合わせた商品造成はできても売り切ることは難しく、大手旅行会社の海外パッケージツアーの催行率は極めて低い。株式会社ワールド航空サービスの商品づくりは、自分たちがつくりたい商品を「お客様に、満足度の高い、高品質な旅を」という志のもと提供するものだ。顧客の満足と会社の収益を同時に達成しようとしている会社といえよう。

■旧ソ連との「平和友好祭」が旅行業へのきっかけ

「本は出版社の名前で買わない。内容が面白そうかどうかで買う。旅行も同じでツアーが楽しそうかどうかで買うんだよ」ワールド航空サービスの菊間潤吾会

プロダクトアウト
企業が作り手の理論を優先させて商品開発を行うこと。「作り手がいいと思うものを作る」「作ったものを売る」という考え方。

マーケットイン
企業が顧客のニーズを優先させて顧客視点で商品の企画開発を行うこと。「顧客が望むものを作る」「売れるものだけをつくり、提供する」という考え方。

菊間潤吾
（きくま じゅんご）
1952年、東京生まれ。ワールド航空サービス代表取締役会長、日本旅行業協会（JATA）会長などを務める。フランス政府から同国の最高勲章であるレジオンドヌール勲章を旅行業界で初めて授与される。

長とのインタビューで印象に残った言葉である。

もともとは旅行業よりも国際交流をベースにスタートしている。旅行業との接点は、現会長の父親である菊間利通が対ソ友好団体の事務局で働いていたころにさかのぼる。東西冷戦時代のソ連はオリンピックに出ていないので、青年オリンピックという祭典をやることになったが、当時モスクワに日本から行くには、南回りで50万円以上かかっていた。若者のための祭典なのにお金を持っていない若者が行けない。そこでソ連大使館に交渉し、新潟からナホトカまで船で行ってシベリア鉄道でモスクワに入る案を提案した。それなら14万円程度で行くことができた。青年友好祭で社会主義の国を見てやろうという若者が３００人とたくさん集まった。ところが、ソ連は国交のない国で外務省はパスポートを発行できないという。当時俳優はリベラルな人が多く、宇野重吉らが発行を求めて銀座パレードを行い、日本政府の特別枠で発行できた。

初めての船のチャーターで、春・夏２回続けて実施するようになり、毎回２００人ほど集まった。新聞募集で初めての突き出し広告を毎日新聞でやると、電話がかかりすぐ埋まる。運輸省から呼び出しがあり、「旅行免許を持っているか」と聞かれたので「会社は登録している」というと、「会社登録と旅行業は違う」

宇野重吉（うの じゅうきち）
１９１４年−１９８８年。福井県足羽郡下文殊村（現・福井市太田町）に生まれる。戦前から戦後にかけて長く演劇界をリードし、舞台・映画・テレビで活躍した名優。

と言われた。すぐにJTBのサブエージェント（代理店）として登録したというエピソードもある。

■大手がやらない面白い商品をやる

創業は1971年6月、秋葉原のやっちゃば（青物市場）の一角のビルである。当時はキャベツ箱の横を通ってオフィスに入ったそうだ。その後、銀座みゆき通りに引っ越す。移転後すぐに企画されたのが「南ドイツの旅」というロマンチック街道を紹介するツアーだった。まだ「ロマンチック街道」という言葉の無かった時代である。ローテンブルクでは、東洋人を見たことのない町の人がたくさん家から出てきたという。

創業以来1度も赤字がないのも自慢だそうだ。会社の方針を聞くと、「大手がやらない面白い商品をやるのがうちの会社で、消費者は面白ければ買う人がいる。主催旅行一筋で取次などしない。大手がやる香港、韓国、ハワイを一切やらない」とのことだ。

例えば、当時東南アジアのツアーと言えば、買春ツアーが問題になっていたころである。ビルマ（現ミャンマー）が鎖国政策を解いたのをきっかけに現地の国

ロマンチック街道
ドイツのヴュルツブルクからフュッセンまでのルートで、中世の宝石箱と称されるローテンブルクやノイシュヴァンシュタイン城を巡る観光街道。

営旅行社と組んでツアーをやった時など、募集パンフレットの表紙に「現地女性に興味をお持ちの方のご参加はお断り申し上げます」と記載したら、インテリ層が喜んで参加したそうである。「文化を見にアジアに行きたいのだけど、奥さんやみんなに反対される」「こんなツアーを待っていた」そう言って、リピーターになってくれた。ヨーロッパでも「観光と称してお土産屋さんに寄らないのでご容赦ください」と記載したら、買い物をしたくない人がみんな来てくれたそうだ。

語学研修ツアーも、ほぼ大手は英語のみあったので、「ドイツ語研修の旅」や「フランス語研修の旅」も作ろうとなって、ポスターを製作し大学に貼ると学生が集まった。語学だけでなく、土日の休みにケルンやパリの視察旅行も催行して好評だった。

■「コンコルド」チャーターと「QE2」クルーズツアーでイメージを革新

ワールド航空サービスのツアーは「ユニークで良い」と評判になり、順調に業務を拡大していたが、当初アエロフロート中心の旅行会社のイメージが強かった。大半をIATA加盟の航空会社に切り替えていたが、長年アエロフロートを使っていたためそのイメージが定着していたのだ。「ツアーはいいけど、アエロフロー

アエロフロート
ロシアの民間航空会社。1980年代サービスは充実していなかったが航空券は安かった。

トはちょっと…」という客も多かった。イメージを替えるために打ち出したのが、1986年に超音速旅客機として注目されていたエールフランスの「コンコルド」をチャーターしたヨーロッパ8コースである。パリ－ニース間をマッハ2のスピードで飛び、特別運航のためシャンパンにフランス料理というファーストクラス並みのもてなしは「空飛ぶ超音速の貴賓室」と謳われていた。

また、1987年には大幅な円高で憧れの「クイーン・エリザベス2世号」のクルーズが90万円前後となったため、この豪華客船を使ったツアーを発表した。しかも、日本で主流であった香港－神戸や横浜－ホノルルというコースではなく、当時としては珍しいカリブ海クルーズだったことも注目を集めることになった。

■中近東との出会い――初めてのサウジアラビアツアー

ワールド航空サービスでは、1974年から中近東へのツアーを本格的に開始していたが、1992年に日本で初めてエルアル・イスラエル航空をチャーターしている。その後ロイヤル・ヨルダン航空ともチャーター契約し、中東へのツアーをさらに本格的に実施している。当時のチャーターフライトは、成田空港や伊丹空港発が規制で出来なかったため、福岡や札幌、名古屋発にし、地方の旅行者に

コンコルド
イギリスとフランスが共同で開発した超音速旅客機。燃費やメンテナンスに多額の費用がかかり、騒音も問題となった。2003年に全機が退役した。

クイーン・エリザベス2世号
イギリスの世界でもっとも名の知られている豪華クルーズ客船。「QE2」と呼ばれる。1969年に就航し、最後の大西洋定期横断航路専用客船として使用され、撤退後はクルーズ客船として使用され2008年に引退。

喜ばれたそうだ。

ツアーで行ったヨルダン側から見るとアカバの先がサウジアラビアだったが、入国はできなかった。サウジアラビアの皇族に近い人に聞くと、「メッカがあるから変な人を入れたくない、観光も必要としていない」ということだった。普通ならここであきらめることが多いが、菊間は「誰かわからない人はいない」と食い下がると、「サウジアラビアとしても石油から脱却した産業をもっと作らないといけない。欧米はキリスト教なので、是非日本から学びたい」と返ってきた。そこで、菊間が全て顔のわかる人が条件で、責任を持つことでツアーの催行許可が出た。最初のツアーは男性だけで60歳以上が条件だったが、翌年からは夫婦でも申し込めるようになった。空港で女性には黒いロングドレスのようなアバヤを着てもらった。イタリアの旅行会社からもどうしたらツアーができるか教えてほしいと電話で菊間に問い合わせが入ったこともある。

キューバも社会主義の国が見たいという人がツアーに集まった。社会主義というと暗い国のイメージがあるが、参加した人は明るい社会主義国に感銘を受けたという。「国交回復でアメリカ人がたくさん行く前に行くのがいい、今このタイミングに行くのがいい」と、訪問地の旬な時期を顧客に伝えたそうである。いつ

メッカ
サウジアラビア中西部にあるイスラム教の聖地。カーバ神殿などがあり、毎年数百万人ものイスラム教徒の巡礼者が訪れる。

アバヤ
アラビア半島の国々の伝統的民族衣装。色は黒いものが多く、砂漠地帯の強い直射日光から全身の肌を守ることができ、女性の体のラインを隠すことができる。

行くべきなのかを明確に教えることも顧客との信頼につながり、大事なことである。

■社員添乗へのこだわりとツアーづくり

社員が添乗するというこだわりも大手との違いという。大手旅行会社のパッケージツアーは、関連会社の専門添乗員が同行することが多い。つまりツアー造成者が添乗するわけではない。業務の専門化、効率化で法人の団体旅行でも添乗員は企画者でないことが多い。ワールド航空サービスでは全てのツアーで企画に係わった人間が添乗サービスも行うという。社内では、たえず30人くらいが添乗に出ている。ツアー販売でも、顧客にとっては添乗で同行した顔見知りの人がカウンターにいるというのが安心感につながっている。そのため、モニターツアーやお客様アンケートはあまり必要ではなくなる。社員が現地に詳しくなるのが最大の利点である。

ワールド航空サービスはヨーロッパや中近東方面のツアーイメージが強いが、様々な方面で素晴らしい企画商品を造っている。1999年には「激流奔る 長江上流と麗江《れいこう》の旅」でツアー・オブ・ザ・イヤーの準グランプリを受賞している。

モニターツアー
主に旅行会社が、旅行費用の全部または一部を負担することを条件に、一般のモニターを募集し、旅行内容などについての調査報告をしてもらう旅行のこと。

ツアー・オブ・ザ・イヤー
日本旅行作家協会、トラベルジャーナル社が主催していた海外旅行・国内旅行で最も優れた企画旅行に対して行う表彰制度。

この賞は優れた企画力と質の高い海外旅行商品に贈られる賞で、初エントリーでの受賞という快挙であった。ツアーの企画のために徹底した事前調査を行いツアー造成した結果である。コースは雲南《うんなん》省の古街麗江に4日間じっくり滞在し、万年雪を被った玉龍雪山《ぎょくりゅうせつざん》や滝が横に流れるが如きと言われる虎跳峡《こちょうきょう》の激流を体験できるものだ。また、地上に残された唯一の大陸「南極への旅」、ロシアの砕氷船をチャーターした地球の頂点に立つ2001年の「北極点への船旅」など極地の旅も人気を集めた。

■何が日本人に求められる旅の素材なのか

菊間は常に日本人にとってスターになるものを絶えず探しているという。学生時代に始めた「ドイツ語研修の旅」で訪れた南ドイツのローテンブルクやデュンケルスビュールもその一つで、入社後最初に企画した「南ドイツの旅」は今でこそ人気となったロマンチック街道を日本に紹介することに繋がった。「ドイツ・オーストリアの旅」ではハイデルベルクから黒い森を通るコースなど、旅慣れた方に「こういうツアーをもっと」という商品を造っている。

その後、「ヨーロッパの美しい村を歩く」の新シリーズを打ち出し、バスクやケルシーといった昔ながらの姿を今にとどめる村を訪ねる企画で人気となった。ベルギーではブルージュをフォーカスする。当初サベナ・ベルギー航空から別のエリアを薦められたが、ブリュッセルから近すぎるのでブルージュを売り出した。ツアーガイドのマニュアルも自分で作ったそうだ。イタリアのアルベロベッロも同様で、旅の目利きとして旅の醍醐味を何でどう表すかを常に考えているという。「これからの旅行会社は、マーケットがある人気のところはＯＴＡが埋めていく。自分たちがやって来たことは、マーケットがまだないデスティネーションを開拓して磨き上げてきたことで、今後とも旅行会社に求められるものでもある」と自信をもって語っていた。

株式会社ワールド航空サービス（World Air-Sea Service Co.,Ltd）

本社所在地	東京都千代田区有楽町１丁目５番１号
設立年月日	１９７１年６月30日
従業員数	１６５名（２０１７年12月現在）

アルベロベッロ
南イタリアにある「トゥルッリ」と呼ばれるとんがり屋根に白い壁が特徴の世界遺産の町。

2 ニッコウトラベル（1976）

――パッケージツアーに旅のゆったり度を表示

株式会社ニッコウトラベルは、三越伊勢丹ホールディングスのグループ会社で裕福なシニアマーケットを中心に「ゆとりある豊かな旅」と「高い安心感と満足感」をモットーにしている旅行会社である。ヨーロッパの街を巡るリバークルーズのセレナーデ号を使った船旅は人気が高い。ツアーコースは体力に合わせて「旅のゆったり度」が1から3まであり、ゆったり度3ではほとんど歩かず旅を味わうことができる。いくつになっても旅を楽しみたいシニアの旅行者に大きな支持を得ている。

■「夫婦で行く台湾」で台湾旅行のイメージ改革に貢献

元々は広告業であったという。旅行業としては1976年にニッコウトラベルとして創業した。海外旅行を主催したのは、1980年ごろからで、新聞広告でお付き合いのあった台湾観光局からキャンペーン依頼があったからだ。女性目的

リバークルーズ　川を航行するクルーズのこと。客船は一般的に通常のクルーズ客船より船のサイズが小さく、数人乗りの船もあるが、1,000人以上の乗客を乗せる大型クルーズ客船もある。各大陸の大河では一般的な旅行形態となっている。

の旅行のイメージがあった台湾旅行のイメージを変えるツアーをアピールしたいということで「夫婦で行く台湾」を新聞広告で募集したところたくさん売れたそうだ。週末は飛行機の需要が高いので、平日をベースにしたツアーだった。平日でも参加できたのが今の顧客の原型になるシニア層で、文化・食をメインにしたゆったりした旅行コースだった。

その年代の人はヨーロッパに憧れがあり、1995年ごろまでは約7割が欧州旅行だった。当時船旅は多くはなかった。1996年ごろから河船のチャーターをしている。カナディアン航空とカリビアンクルーズを企画して1，000人以上の集客となったこともある。

■ヨーロッパの河川の船旅「セレナーデ号」

リバークルーズは、ヨーロッパでは定着している主流の旅行形態で、移動の際にホテルの部屋から荷物を出してバスや鉄道に積み替えることなく移動できる便利な旅行である。ニッコウトラベルでは、高齢化社会になり参加者も増えると考え、2005年に自社で「セレナーデ号」の第1号を作った。132人定員で浴槽がついている画期的な船だった。ヨーロッパの人は浴槽にこだわらないので

高齢化社会
総人口に占める65歳以上の高齢者が増大した社会のこと。2017年、日本の高齢化率は27％以上。超高齢社会になっている。

シャワーだけの船がほとんどだが、日本人は風呂にこだわりがある。浴槽の分だけ乗れる定員が減って、売上は落ちるが、日本人旅行者の快適性を考えて浴槽やトイレに気を遣った。

２００７年に第2号となる「セレナーデ号」を作る。客室数は70室で日本人仕様にこだわり、スイッチの位置も低くするなど工夫をした。客室は船旅と思えないほど開放的で、2・3階の部屋は開閉可能な窓がついている。ホテルと同等サイズのベッドで、シャワーブース付きの浴槽も完備されている。最近トイレも温水洗浄便座になった。客室の広さもゆったりしていて、収納力のあるクローゼットも設置されている。

パブリックスペースも工夫されていて、屋上のサンデッキは心地よい風を感じながら、流れゆくヨーロッパの風景を楽しめる。パッティンググリーンや1階にはフィットネスルームやサウナもあり、心地よい汗を流すこともできる。食事も各国の郷土料理だけでなく、ときには和食やフルコースメニューも楽しめる。エンタテイメントも充実していて船長主催パーティの他、音楽演奏や民族舞踊のイベントも開かれる。セレナーデ号は新規顧客のきっかけになりやすいそうだ。ツアーは年間１，２００人くらいで、夫婦や女性の一人参加が多い。

船長主催パーティ　ほとんどのクルーズ船で、船長が主催して乗客を招待する歓迎夕食会またはパーティが行われる。「Captain's Welcome Party」などと言う。

セレナーデ号で巡るヨーロッパの街は、17世紀に造られ世界遺産にも登録されている「アムステルダムの環状運河地区」やローレライ伝説で知られる「ライン河」、小さな街が並ぶ「モーゼル河」、メルヘン的な中世の街並みが保存されているローテンブルクに近い「マイン河」、バッハウ渓谷からウィーンに向かう「ドナウ河」など個性あふれる船旅が楽しめる。両岸の美しい小さな街の風情をのんびりと堪能できる。冬はメンテナンスで休み、春になると花のきれいなオランダやベルギー運河の船旅が始まる。3月から4月にかけての「花咲く二大庭園を巡る 春めくオランダ、ベルギー運河の船旅 12日間」では、チューリップの咲き乱れるキューケンホフ公園や運河クルーズでの中世の街巡りを満喫できる。

また、新緑のライン古城渓谷やモーゼル河畔の街々を訪れるコースでは、一帯がワインの一大産地でドイツのコッヘムでは薄緑色のボトルが目印のモーゼルワインを楽しめる。国境を越えフランスに入り、アルザス地方の中心で木組みの家が並ぶストラスブールでは散策の途中に伝統的なお菓子アルザス風マカロンやクグロフをいただきながらのティータイムを過ごすことができる。

モーゼルワイン
ドイツのモーゼル川流域で造られる辛口の白ワインの総称。ドイツを代表するワイン。

■顧客の8割は60歳以上――もっとも楽で快適な旅を追求

ニッコウトラベルの顧客はシニアが中心で、80歳以上の人も多い。平均は72歳である。そのため自身の体力や健康状態を考えて、ゆったり度を1から3のランクでコースを選ぶことができる。ゆったり度1は〝疲れず、しっかり観光ができる〟設定で多少の徒歩観光を取り入れながらも、長時間の歩行にならないよう配慮している。ゆったり度2は〝徒歩観光を減らして旅を楽しむ〟設定で階段や坂道を避け、ミニトレインや馬車での街巡り美術鑑賞が中心になっている。ゆったり度3は〝ほとんど歩かず旅を味わう〟設定で、体力的に海外旅行をあきらめていた方に、歩行を最小限にして、安心して気兼ねなく旅を楽しませる工夫がされている。ゆったり度3では、少なめの18名の定員や宿泊地での2・3連泊などを中心にしている。セレナーデ号の旅もゆったり度の高い旅であり、寄港地では当日の体調に合わせて〝しっかり観光〟と〝ゆったり観光〟を選ぶことができる。

その他にも、周遊型のコースに参加するとほぼ1日中バスに揺られることも多いが、ニッコウトラベルではバス移動は1日原則最大3時間以内としている。また、国際線の出発が午後1時までのツアーは、空港近くのホテルで前泊、荷物も自宅から無料でホテルや空港までお届けするなど極力楽になるよう工夫されてい

連泊
同じホテル・宿泊施設に2泊以上続けて泊まること。近年、周遊型旅行においても重視されている。

る。出発前には旅行説明会を実施し、顧客情報をしっかりキャッチする場としている。

ニッコウトラベルでは、添乗員は社員が行うことを原則としている。参加者が70～80代になると添乗員は40～50代でも自分の子供世代、20～30代は孫世代となる。シニアのツアーでは、添乗員は重要な旅の要素である。出発から帰国の空港まで現地事情に詳しい添乗員が同行し、様々な面倒を見てくれる。家族からの連絡も24時間体制で添乗員がツアー用の携帯電話を持って、日本からの家族の急ぎの連絡を取り次いでくれる。また帰国時に添乗員手作りの「旅日記」を提供している。営利目的で土産店に寄ることもないので、土産の相談も添乗員が応対する。

また、参加者は資産運用をしている人も多いことから、事前に株式銘柄を指定すると毎日無料で株価情報をツアー中に届けるサービスも行っている。ツアー前日までには添乗員から挨拶を兼ねての案内もあり、安心感を与えている。

■シニア世代の旅をどこまでサポートできるか

歩くのがきつくなって海外旅行は卒業と考えている人に、どんな旅行を提供できるかはこれから急速に進行する高齢化社会において重要なことである。歩く距離やスピードを参加者に合わせて変えたりできるのも、社員添乗員がいて現場で判断できるから成り立つものだ。訪問先が同じでもグループによって歩く速度を変えたり、あまり歩かないコースもある。船旅では観光に行かないで散歩する人も少しずつ増えているという。自分の体力と相談しながら、ある程度自由に参加の形を変えられることは、シニアの旅では重要になる。

ニッコウトラベルの顧客は退職された時間に余裕がある方や経営者・自営業などが多く、参加者同士で仲良くなる。同じ様な層が一緒の旅は安心感がある。旅行商品づくりでは、当たり前のロンドン・パリ・ローマでない旅づくりを心掛けている。例えばイギリスの都市部だけではなく絵本に出てくるような田舎町を巡るコースでは、ゆっくりしていて、質が良くて、面白いところに連れて行ってくれると感じてもらえるように旅行商品づくりをしている。ヨーロッパが多いがアジアや南米、南太平洋、アフリカと幅広い。ビジネスクラスで行くコースや長江・メコン河の船旅、アラスカ氷河クルーズなど海の旅も充実している。

地方からの参加も多い。地方は信頼感のある地元新聞社系列の旅行会社などに販売を委託している。顧客には、「スカイニュース」という旅の情報誌を毎月制作し送付している。旅のコラムが多く、読み物としても十分に楽しむことができ

ロンドン・パリ・ローマ
日本人の海外旅行の黎明期の欧州周遊の定番コース。旅行業界では「ロンパリローマ」と呼ばれていた。

ビジネスクラス
旅客機の座席の等級における上級座席のこと。最上級のファーストクラスと標準のエコノミークラスの間に位置付けられる。Cクラスとも呼ばれる。

コラム
新聞・雑誌で、一定の枠によって囲まれた、短い記事・評論などを掲載する欄。

る。スカイニュースにはグループの三越伊勢丹旅行が主催する10席限定の大型バス「プレミアムクルーザー」やフットレスト付きのリクライニング「グランドクルーザー」を使ったラグジュアリーな国内バス旅行も掲載されていて、お互いに商品ラインナップを充実させている

■これからのシニアの旅の行方

日本は2007年に75歳以上の割合が10％を超え、急速に高齢化社会が進んでいる。65歳以上の人口に占める割合は2017年10月現在で27・7％となっており4人に1人は高齢者となる。若者の海外旅行離れが叫ばれ、旅行におけるシニア旅行の重要性はますます高まっている。クルーズの方面も幾度かヨーロッパに行っている人はアメリカ、アジア、オセアニア、アフリカのクルーズと方面を広げている。リバークルーズでも違う河に行きたいというニーズもあり、セレナーデ号が運航していない航路は他社になってしまう。シニアの旅行も選択の時代に入っているのだ。

FITの先進地と言われる欧州と日本のシニアの旅では、旅行に対する意識が違うと言われている。日本人はその場所に行って何を観たいということがあり、

目的は観に行くことだが、ヨーロッパの人は観るだけではなく、のんびりするということを楽しむ国民性がある。港の周りをただ散歩するということも多い。欧州の船旅では、寄港地に着いてもラウンジで話していてツアーに行かない人も多く、旅行というよりやはりバカンスという感じである。物の考え方や旅行に対する姿勢が違うということで、特に何かを体験するということにこだわらない。時間の楽しみ方の概念が違い、しゃべっているだけで旅行が成立するが、日本では何かを観る目的がないと行かないという違いがある。ただ、70歳以上になると体力的にも不安になるので、今までのようにあれもこれも見てということからは徐々に離れていく。ニッコウトラベルのようにいくつになっても体力や気分によって、団体の中での行動を変えられる旅は今後とも求められていくだろう。

株式会社ニッコウトラベル（NIKKO TRAVEL CO., LTD）

本社所在地　東京都中央区京橋1丁目1番1号
設立年月日　1976年9月24日
従業員数　82人（2017年3月31日現在）

Ⅵ　格安ツアー会社の誕生

格安航空券は、H.I.S.の前身の会社が学生相手に団体用チケットをばら売りしたのが始まりとされる。当時の国内大手旅行会社は団体用や正規のチケットだけしか取り扱っていなかった。H.I.S.は海外格安航空券を一般の顧客に宣伝し販売した。航空券の価格の高さに不満を持っていた消費者に圧倒的に支持された。今日、格安航空券は旅する人にとって当たり前の選択肢になっている。

そもそも格安航空券とは何なのだろう。格安とは何に対して格安なのかと言うと、普通運賃航空券の金額に対してである。航空券には3種類ある。

まず、正規航空券の「普通運賃航空券」である。いわゆる定価で買うもので、価格は高いが、払い戻しや経路変更、マイルなどすべて対応される。次が、正規航空

ばら売り
本来まとまった状態で売るものを分けて販売すること。団体用チケットは基本的には分けて販売することは出来なかった。

券の「ＰＥＸ航空券」である。航空会社が割引したもので、シーズンによっては非常に安いこともある。正規割引航空券とも言われる。

そして、「格安航空券」である。格安航空券は旅行会社のパッケージツアー・団体旅行用に航空会社が特別に安い価格で用意したもので、通常「ＩＴチケット」と呼ばれている。それをパッケージツアーに使わず、一般の消費者にばら売りしているものである。格安航空券は旅行会社それぞれが値段を決めて販売している。年間販売数などを航空会社と交渉して、一定数を超えると販売奨励金がもらえる仕組みもある。価格は安いが、払い戻しが不可または有料であったり、経路変更が不可、座席予約ができない、マイレージ加算が少ないまたは無い、などの厳しい条件がある。但し、機内でのサービスは基本的に同じである。

格安航空券が市民権を得てきた頃、市場に格安ツアーが登場してくる。今日でも、新聞やインターネットで膨大な格安ツアーがこれでもかと言うほど掲載されている。

そもそも格安ツアーとは何なのか、どうしてそんなに安く販売できるのか。格安とは何に対して格安なのか。もともとパッケージツアーに決まった価格はない、従って格安の定義は存在しえないが、市場に大きな優位性を持っている大手旅行会社のホールセール商品の価格に対して目を見張るほど安いものと考えられる。

販売奨励金
航空会社から旅行会社に、一定の目標を設定し、実績が上回った場合の報奨として与えられる特別手数料のこと。インセンティブ、オーバーライディング・コミッションとも呼ばれる。

どうしてそんなに安く販売できるのか。勿論これには各社の知恵と工夫、積み上げてきたノウハウなどがあり一概には言えないが、一つは販売の手法である。自社で企画造成し自社で販売すれば他社にわたす販売手数料は要らない、また新聞やインターネットで告知し電話などで受ければ、パンフレット代も店頭に係わるコストを省ける。インターネットで完結すれば宣伝費も僅かで済む。

もう一つは、仕入の手法である。まずは、航空会社やホテルについては、事前に仕入れる。特定の航空会社、ホテルに絞り、大量かつ安定的に仕入れることにより価格を安くする。航空会社やホテルの決定をギリギリまで伸ばすと、売れ残りをさらに安く仕入れることができる。現地オプショナルツアーで儲ける。土産店巡りを組み込む等々。

2017年、格安ツアー会社の雄と言われていた「てるみくらぶ」が倒産し、数多くの旅行者が多大な被害をうけた。あってはならない出来事であった。格安ツアーのビジネスはとても難しいものである。格安ツアーの選択は旅行者自身が見極めなくてはならない。

てるみくらぶ
自社ウェブサイトを利用したオンライン予約によるハワイ、サイパン、韓国、台湾を中心に一都市滞在型ツアーを販売し、業界内において格安ツアー会社として一定の地位を築いていた。しかし、2017年、経営悪化により突然破産、倒産。被害者は3万6千件以上、被害額は99億円以上と前例のない大事件となった。

1 H.I.S.――海外格安航空券を売り出した旅行会社（1980）

株式会社エイチ・アイ・エス（以下H.I.S.）は1980年に海外格安航空券を取り扱う会社、インターナショナルツアーズとして誕生、1990年に商号を現在のH.I.S.に変更する。海外旅行取扱高でJTBに次いで2位の規模の旅行会社である。旅行業だけでなく、ホテル事業、テーマパーク事業など、H.I.S.の創業者であり代表を務める澤田秀雄の経営は常に革新的なものである。

■机二つと電話一本から始まり

H.I.S.の歴史は旅行会社というよりもベンチャー企業の成長の歴史と言える。澤田と海外旅行の出会いは旧西ドイツのマインツ大学への留学に始まる。フランクフルトの見本市に来る日本人に向けてナイトツアーを企画し、ビジネスを始めたのだ。そのツアーは客が喜び、連れて行った店が喜び、受付をするホテルのフロントマネージャーも喜ぶ、誰もがハッピーになれるものであった。その後、

澤田秀雄（さわだ ひでお）
1951年、大阪府出身。H.I.S.創業者。H.I.S.代表取締役会長兼社長。2010年よりハウステンボス社長。旅行業界を代表する起業家。

ベンチャー企業
革新的なアイデアや技術をもとにした新しいサービスやビジネスを展開する主に中小規模の企業。

ナイトツアー
夜間、日没後に行われる観光ツアー・オプショナルツアー。星空や夜景、ライトアップ、イルミネーション、夜行性生物の観賞、ナイトショー、ナイトクラブなど、夜にしか行うことができないことを目的に実施されるツアー。

澤田は帰国し、新宿にオフィスを構える。目を付けたのが内外価格差の大きかった毛皮輸入販売会社だったが、野生動物の保護を目的にしたワシントン条約批准決定を受け、海外格安航空券の販売といった旅行事業を展開することになる。

1980年に旅行業の登録をし、インターナショナルツアーズを興す。H.I.S.の幹部社員はこのころの旅好きの客で、そのままスタッフになることが多かったようだ。最初のヒット企画は「インド自由旅行」で東京からタイのバンコクに入り、バンコクでチケットを発券してインドに入るルートで、直行便のJAL利用に比べ半額ほどの代金だった。特に現地のインフォメーションに力を入れ、説明会で自分の撮ってきたスライドを見せるなどして好評となった。「あそこに行けば面白い旅情報がある」と口コミも広がっていく。現地を知っている人が売るからこそ説得力があり、H.I.S.では今でも採用時に旅行経験を重視している。1985年には「中国自由旅行」という東京―香港間の往復航空券に香港から広州への鉄道とホテル1泊がつき、香港で中国への観光ビザを取得する商品を販売してヒットさせている。

澤田は、この海外旅行というビジネスが日本でもっと伸びると考えていたという。当時日本人の出国率は3～4%程度であったが、欧米では10～15%の比率で

内外価格格差
同一の商品やサービスが売られている場所が国内か国外かの違いで生じる価格の差のこと。

ワシントン条約
野生動植物が国際取引によって過度に利用されるのを防ぐため、国際協力によって種を保護するための条約。現在180ヶ国以上が締結。

あった。事実H．I．S．の売上も80年代後半から90年代にかけて一気に増加していく。

■海外格安航空券の雄H．I．S．の誕生

1993年バブル崩壊で法人比率の高い大手旅行会社が苦戦している中、H．I．S．は新宿南口に海外旅行のデパート「トラベルワンダーランド新宿 本社営業所」をオープンさせる。1，682㎡と日本一の広さを誇り、デスティネーションや留学といった旅行目的別に14ものカウンターが並ぶ最新旅行情報基地であった。オープンの目玉は「香港・4日間1万9，800円」などの超格安ツアーで、オープン2日前から行列ができるほどだった。翌1994年には売上額は653億4千万円となり1995年3月30日に株式を店頭公開する。

H．I．S．は最初から順調に推移したように見えるが、実は苦労の連続だったようだ。海外格安航空券を販売するためには、航空会社から航空座席を仕入れなければならない。航空会社は実績もなく、販売数量も限られているため相手にしてくれなかった。そこで仕入れ交渉を航空会社からホールセラーに変えて、最初に仕入れたのがパキスタン航空の航空券だった。その後航空券仕入れの仕組みが

わかってくると、オフシーズンに重点を置いて仕入販売していく。客は時間に拘束されない学生や若者層が多かったので、時間的な制約よりも安い価格が魅力だった。この仕組みは旧西ドイツで行ったナイトツアーのように、客も航空会社も喜ぶWIN-WINの関係と言える。

学生と若者が顧客の中心ということは、一度信用を得ると長い人生の中で形を変える旅行を継続して獲得できる。彼らはやがて結婚しハネムーンに行く、子どもが生まれファミリーバカンスに出かけ、お金や時間に余裕が出てくるとグレードアップしたホテルに泊まったり、クルーズにも参加するようになる。ライフステージに合わせた商品展開が可能になるのだ。息の長いリピーターの獲得は、企業体力をつけるうえで欠かせない戦略であった。

時流も追い風になる。バブル崩壊後、価格破壊や格安という言葉に消費者の注目が集まり、新宿の新店舗のオープニングキャンペーン商品は社会的な関心を大いに引きつける。旅行会社H.I.S.の認知度の向上は海外格安航空券だけでなく、パッケージツアーの「Ciao（チャオ）」は、アレンジが自由自在でありビジネスユースにも良い影響を与え、総合旅行会社として発展していくきっかけとなった。

オフシーズン
1年間の中で旅行者が少ない時期のこと。閑散期とも言う。旅行者が多い時期はオンシーズン、繁忙期と言う。年末年始やゴールデンウィーク、お盆などその中でも特に旅行者が多い時期をピークシーズンと言う。中間の時期のことはショルダーシーズンと言う。

ライフステージ
出生、入学、卒業、就職、結婚、出産、子育て、退職等の一生の中で節目となる出来事によって区分される生活環境の段階のこと。

■なぜH.I.S.だけが残ったか

格安航空券を核にした旅行会社は、四季の旅社、マップ・インターナショナルなど乱立したが、倒産やマップ・インターナショナルのH.I.S.への吸収などで残っている会社は少ない。特に海外旅行情報誌の『エイビーロード』や『ブランカ』に広告を出すことで、店舗を持たない多くの会社が格安航空券や格安ツアーに参入したが、広告費を払うと利益は少なく、出版社だけが潤う構造になっていったという。なぜH.I.S.だけが成功したのだろうか。それは意外にも慎重さと選択と集中にある。

海外企画商品（パッケージツアー）は旅行会社の社員なら誰でも企画造成したい分野である。H.I.S.では格安航空券とホテル手配で市場シェアを築くまで、パッケージツアーへの参入は控え、基幹事業に集中した。特に競合の激しいハワイでは仕入れ力を高めた後、一気に参入し、今ではハワイ専門店を持つなど強い販売力を保っている。

販売力は航空会社からの信用に繋がる。航空券は「握り」と言って、一定以上の販売数をギャランティーすることで安い仕入金額と販売量に対しての販売奨励金が見込める。H.I.S.は約束した販売枚数を全営業所で徹底して販売し、目

選択と集中
複数の事業分野に進出している企業や多種多様な商品を取り扱っている企業が自社活動の中核となるコア事業・商品の見極めと選択を行い、経営の効率化や業績向上を目指す経営戦略。

ギャランティー
約束した数字を保証すること。請け合うこと。

標枚数をクリアするとともに、販売奨励金も見越して競争力のある価格で他社を圧倒してきた。オフシーズンの航空券を売り切る力で、航空会社の信頼を得てきた。その信頼はパッケージツアーの仕入れ交渉でも、有利に働く。確実に売り切り、現金で決済することはホテルにとってもありがたいことで、H．I．S．というと派手な宣伝や販売力だけが印象に残るが、仕入れを確実に行うために、必死で努力してきた会社であることがわかる。

営業所のカウンターでも販売力は発揮される。希望の日程の航空券が取れない場合でも、客のニーズに合わせ、同様のビーチリゾートなど様々なプランを提案していく。一見当たり前のようにも思えるが、カウンターにも方面に熟知した社員を配置していくことで、より説得力のある提案が可能になる。

■幅広いネットワークでサービスを提供

２０１７年10月現在でH．I．S．は国内２９７店舗、海外では旅行業での世界進出国数№１の70ヶ国１５６都市２７１拠点のネットワークがある。大手旅行会社が統合などで店舗数を減らす中、驚異的な数と言える。支店を統合して効率化を優先するのではなく、逆に地域に細やかに出店することで顧客サービスを向上

ビーチリゾート
海辺、湖岸、川辺で海水浴、マリンスポーツ、保養などを楽しむことのできる、宿泊施設・レジャー施設が整った滞在型観光地。比較的温暖な地域に多い。

させているのだ。

海外では1985年の香港を皮切りにロサンゼルス、シドニー、ニューヨーク、ロンドン、サンフランシスコと次々に開設していく。当時H．I．S．の海外出店は独特で、開設準備の条件は、①開設資金は1，000万円、②開設準備期間は半年間、の2点だけである。任された社員は突撃方式で、檄を飛ばされ派遣される。現地に降り立った社員は、支店の場所を探し、電話を引き、備品を揃え、まさにゼロから拠点を創り上げていくことになる。海外営業所は仕入れと情報収集の拠点でもある。

また、H．I．S．はインバウンドに力を入れている。2006年にはインバウンドの新会社「H．I．S．エクスペリエンス ジャパン」を設立、2010年にH．I．S．に統合しインバウンド事業を一体化させている。海外営業所での販売は、現地の日系企業の旅行手配から始まり、徐々に現地ローカルをターゲットに日本向けアウトバウンドに拡大していく戦略である。

また、情報収集力を生かして旅行業にとどまらず、グローバルプチ商社サービスを行っている。活動内容は、調査活動と支援活動に分かれる。調査活動では、現地調査や企業リストアップ、小売価格調査、市場調査、アンケート調査がある。

アウトバウンド
インバウンドの逆、自国から自国以外の国に行く海外旅行のこと。

支援活動では、現地アポイントメント取得代行、通訳・翻訳サービス、テストマーケティング、海外赴任者サポートサービスなどを行っている。

国内では専門支店として新宿と横浜、大阪にハワイ専門店がある。ハワイの旅行商品だけでなく店舗内の LeaLea Village（レアレア ヴィレッジ）では、ハワイに精通するメンバーがセレクトしたグッズやハワイのアーティストの作品が飾られている。沖縄専門店も新宿や大阪で展開している。ユニークな店舗としては、表参道に「H.I.S. 旅と本と珈琲と Omotesando」営業所があり、お薦めの旅関係の本のセレクトやスペシャリティ・コーヒーの「猿田彦珈琲」が楽しめる。また、ハネムーナーやビジネスクラスの「こだわり」と「上質なサービス」、そして〝価値にふさわしいプライス〟を提供する店として「QUORITA（クオリタ）」ブランドで銀座・表参道・新宿に店を構えている。

■澤田イズムとベンチャースピリット

H.I.S. はオーストラリアのゴールドコーストでのホテル経営など他分野に積極的に進出していたが、旅行業界の度肝を抜いたのがスカイマークエアラインズの設立である。日本の航空事業は日本航空と全日空、日本エアシステムの３社

日本エアシステム
１９７１年から２００４年まで存在した日本の航空会社。通称ＪＡＳ。後に日本航空に吸収合併。

と運輸省（現国土交通省）によって「規制と高度な業務マニュアル」が支配する世界だった。そこに北海道国際航空のＡＩＲ ＤＯ（エアドゥ）とスカイマークエアラインズが参入したのだ。１９９８年９月19日に羽田空港を福岡に向けて35年ぶりに新規航空会社の飛行機が離陸した。ＪＡＬやＡＮＡの半額で福岡に行けるとあって、９月から11月の予約は90％に達する。しかしながら、大手航空会社の料金も対抗して半額になったため、苦しい展開を強いられることになった。その後、何とか事業を軌道に乗せたが、エアバス契約破談問題などで２０１５年に手放すことになる。現在は全日本空輸の傘下となっている。

２０１０年にまたしても驚くことを始める。１９９２年の開業以来、一度も黒字になっていない長崎の「ハウステンボス」を子会社化したのだ。当初さすがの澤田も佐世保市の朝長《ともなが》市長からの経営参画打診の依頼を断っている。しかしながら、市長からの３度の依頼の末、様々な調査と債務交渉を行い引き受けることになった。ハウステンボスは広さ１５２万㎡と広大な敷地に、２，２００億円をかけてオランダの街並みを造りあげた巨大なテーマパークである。Ｈ．Ｉ．Ｓ．はＭＩＣＥの誘致や新しいアトラクション、世界最大１，３００万球のイルミネーションなどの企画を次々に実現し、１年で黒字化を達成している。併設する「変なホ

ＡＩＲ ＤＯ
北海道を拠点とする日本の航空会社。１９９６年に北海道国際航空として設立され、２０１２年それまで愛称として用いていたＡＩＲ ＤＯを社名としている。経営不振が続いたが、ＡＮＡの支援を受け再建した。

ＭＩＣＥ
Meeting（会議・研修・セミナー）、Incentivetour（報奨・招待旅行）、Convention/Conference（大会・学会・国際会議）、Exhibition/Event（展示会・イベント）の頭文字をとった造語。「マイス」と読む。ビジネストラベルの一形態。

テル」はフロントなどをロボット化し効率化することでメディアの関心を引いた。その他に、電力自由化での小売り事業を開始するなど、ますますベンチャースピリットの高い会社として注目されている。

株式会社エイチ・アイ・エス（H.I.S. Co. Ltd.）

本社所在地　東京都新宿区西新宿6丁目8番1号
設立年月日　1980年12月19日（株式会社インターナショナルツアーズ）
従業員数　16，932名（グループ全体　2017年10月31日現在）

電力自由化
電力の小売り自由化のこと。2000年に大規模工場やデパートで始まり、2016年に一般の家庭や商店などを含めて完全に自由化された。

2 DeNAトラベル（1979）
――格安旅行を提案した旅行会社

ＤｅＮＡトラベルは、国内外の航空券・パッケージツアー・宿泊の予約販売を行う旅行会社で、販売カウンターは持たずオンライン販売に徹している。海外格安航空券を扱っていたエアーリンクとオンラインでダイナミックパッケージなどを販売していたスカイゲートをディー・エヌ・エー（ＤｅＮＡ）が買収、地球の歩き方Ｔ＆Ｅからも海外航空券販売事業を譲受し、２０１３年にサービス名をＤｅＮＡトラベルに統一した。また社名も２０１５年に「株式会社ＤｅＮＡトラベル」とした。ＫＤＤＩとの共同サービス「ａｕトラベル」の運営も行っている。特にモバイルでの操作性が良いと定評のサイト運営をしている。

■会員制で格安航空券を販売するエアーリンクトラベル

ＤｅＮＡトラベルの母体となったのが１９７９年に瀧本泰行が創業した「エアーリンクトラベル」である。ＥＥＣ（エンジョイ・エコノミー・クラブ）とい

瀧本泰行（たきもと やすゆき）
１９４６年、神奈川県小田原市生まれ。エアーリンクの創業者。可処分時間研究所代表。

う「公正な航空運賃」を目指す旅行者の会員組織をつくり、会員に格安航空券などを販売していた。1993年にはIATAの公認旅行代理店となり、1995年にエアーリンクに商号を変更している。旅行者のための〝代理店〟というコンセプトで、航空業界と戦いながら低価格の旅行を提供してきた。

瀧本が疑問を持ったのが、日本―アメリカの往復よりも、アメリカ―日本の往復の方がはるかに安く、さらに、アメリカ―東京よりも、アメリカ―東京―香港のほうが安かったことだ。旅行代理店が航空会社や鉄道会社の単なる代理店である限り、日本においてこの高価格の運賃は変わらないと会社を興した。会費は2，000円で、客とのコミュニケーションを図るために、年に6冊のカタログを配送していた。会員は約10万人で、年齢層は20代から60代まで幅広かった。リピーターは約7割と高い。会員は法人も多く、格安航空券と言ってもビジネスクラスを含む幅の広いものだった。

瀧本は1976年にアーサー・フロンマーの『ヨーロッパ1日10ドルの旅』を翻訳している。『ヨーロッパ1日5ドルの旅』の続編で、原著『Europe on $5 a day』が出版されたのが1958年、アメリカでベストセラーになった。当時のレートで10ドルは3，000円くらいである。フロンマー夫妻が、実際に自分達の足で歩いて探した店やホテル、交通手段を掲載しており、実用性が高かった。個人で行く旅行者のために、現地での移動や滞在などをわかりやすく解説した内容で、『地球の歩き方』もこの本を参考に作られたと言われている。出版当時はインフレが激しく、読者が本を買っても価格がかなり変わってしまう。そこで本に返信用はがきを付け、返信してくれた人には最新の情報を提供していた。その人たちが、エアーリンクトラベルの会員のベースになっていったのだ。

1999年2月15日の日本経済新聞夕刊に全面の意見広告が掲載される。瀧本が打ったもので「拝啓　小渕恵三内閣総理大臣閣下！『可処分時間』を増やしてください。長期連続休暇の「通年交代取得」が景気を回復します！」というキャッチコピーだった。平成不況を打開するものとして2週間の連続休暇を提唱した。2001年には参院選比例区から出馬したが落選する。その後、2006年に事業承継がうまくいかず、ディー・エヌ・エーに会社の株式を売却した。

■スカイゲートからDeNAトラベルに

スカイゲートは2000年9月にサービスを開始したH.I.S.とソニーネットワークコミュニケーションズの関連子会社である。日本発着のすべての航空

地球の歩き方　ダイヤモンド社が刊行している海外旅行用の旅行ガイドブック。1979年の創刊以降100タイトル以上発売されている。創刊当初は主に若年の個人旅行者をターゲットとしていた。

可処分時間　1日24時間のうちで、絶対にやらなければいけない食事、仕事、家事、睡眠などに必要な時間を差し引いた後に残る、自分が決めて自由に使える時間のこと。

会社について、国際航空券のオンライン予約が行えた。取扱商品は航空券、ツアー、ホテル、レンタカー、旅行保険などで、ウェブサイト上からリアルタイムに商品の照会・予約が行える。代金の支払いはコンビニ決済、デビット決済、クレジットカードに対応していた。2002年に株式がH.I.S.から譲渡され、ソニーネットワークコミュニケーションズが持つ旅行サイト運営会社となった。2007年にディー・エヌ・エーがスカイゲート株を全て譲り受ける。2008年にスカイゲートにエアーリンクの旅行代理店機能を合体させた。

2009年にはエクスペディアと業務提携し、オンラインでの海外ツアーを販売開始する。2011年にはエース保険（現Chubb損害保険）とオンライン海外保険分野において共同サービスを提供する。2014年にはLCC各社と直結した検索予約システムを提供、2017年には国内ダイナミックパッケージを開始することで選択肢が多彩となる。DeNAトラベルで扱うサービスは、航空券・ホテルなどの販売・仲介を行う総合旅行ウェブサイトとして「DeNAトラベル」とKDDIとの共同運営の「auトラベル」、地球の歩き方との共同運営の「アルキカタドットコム」がある。また、総合保険ウェブサイトと個人・法人に対する専任制の旅行コンサルティング事業がある。

LCC
ローコストキャリア（Low Cost Carrier）の略称。格安航空会社のこと。効率的な運営により低価格の運賃で運航サービスを提供する航空会社。

■旅行×IT＝DeNAトラベル

　DeNAトラベルの親会社はゲームを主力事業としつつ、モバイルを強みとした多様なインターネットサービスを提供するディー・エヌ・エーである。1999年に設立して以降Eコマースや携帯電話用ウェブサイトの企画・運営で急成長を遂げ、2012年にはセントラルリーグの野球球団「横浜DeNAベイスターズ」を獲得した。IT、特にモバイルを使ったサイト運営では日本トップクラスの技術力を持つ。DeNAトラベルはエアーリンクで長年培った旅行業のノウハウとホスピタリティに、ITの技術力とマーケティング力が合わさり、日本国内では業界屈指の成長となった。

　成長の原動力が3つある。1つ目は圧倒的な品揃えと安価な価格である。ホテルでは海外ホテル予約サイトのエクスペディアの他にブッキングドットコムやアゴダと提携し、取扱数はトップクラスとなっている。2017年にはBtoB向けのサプライヤーであるホテルベッヅ・ジャパンとも連携し、さらに充実した在庫を確保できるようになった。航空券もLCCと直接契約し、春秋航空日本との予約システムの連携はOTA業界では同社が初めてとなった。また、国内高速バスの予約でも人気のウィラー・エクスプレスを始めとする高速バス会社と連携して

Eコマース
電子商取引（Electronic Commerce）のこと。インターネット上で様々な商品やサービスが取引・決済されている。

モバイル
本来は「移動できる」という意味。ノート型パソコンや携帯電話、スマートフォン、タブレットなどのデジタル機器を持ち歩き、移動中や移動先で利用すること、その手段に使う機器。

いる。女性専用シートやモニター付きシート、WiFiサービスやコンセント等の条件から検索することもできる。

2つ目がウェブサイトの使いやすさである。スカイゲートが得意としていたダイナミックパッケージを強い仕入れ力で拡充させている。またスマホでもオプショナルツアーから保険まで1つのサイト内で完結できて使いやすい。同じ検索条件の中から最安値を検索結果に表示する機能で、数ある商品からよりよいものを発見でき、思い立ったらスグにどんな旅行でも手配できるサービスを目指している。DeNAトラベルでは、航空券は2万以上のコースが即時予約可能となっており、ホテルは国内外の約8千都市・約60万軒と日本最大級の取扱い数となっている。

3つ目が予約手配とコンサルティングである。OTAの場合、顧客が何か相談したくてもどうしようもないと思われがちだが、それもITの力で解決している。DeNAトラベルではこれまで電話とメールで回答していたが、2017年からチャットサービスを追加した。さらに同年12月からは営業時間外でもチャットでの質問に回答できるようにチャットボットを導入した。他にもAI自動音声サポートによる24時間受付も開始している。

チャットボット
対話（chat）とロボット（bot）を組み合わせた造語。人間が入力するテキストや音声に対して、自動的に回答を行い、問合せ対応の代行を行うことができる。

■格安航空券販売はグローバルＯＴＡの時代に大きく変化する

Ｅコマースの最大のメリットは、世界中どこででも事業を始められることにある。ＤｅＮＡトラベルは２０１５年以降、海外での航空券販売に向けてウェブサイトのオーストラリア版、ニュージーランド版、シンガポール版を開設してきた。シンガポールでは航空券ホールセラー大手のギャムソインターナショナルツアーズ社を買収し、その仕入れ力を活かして価格競争に打ち勝とうとしている。ＯＴＡは比較しやすい分、顧客は価格にシビアであり、規模を活かした価格競争力が絶対に必要になる。ＤｅＮＡトラベルの目指しているのはグローバルな海外発海外をアジア・パシフィック圏で確立し、さらに世界に拡充していくことだ。そのために日本のＯＴＡでは初めてＧＤＳのアマデウスとグローバル契約を締結している。

格安航空券の販売競争は１９９０年〜２０００年代にかけて一世を風靡したが、正規航空券の価格が下限運賃撤廃以降下がり、さらにＬＣＣの登場によって存在感は薄くなった。「安かろう、悪かろう」の代名詞のように言われ、販売方法も売りっぱなしの粗いものが多かったが、価格競争の激しいＯＴＡでは逆に安全・安心に関することやヒューマンなサービスが多く取り入れられている。

ＧＤＳ
Global Distribution System の略。コンピュータを利用した旅行関連の予約・発券システムの総称で、世界中の航空会社、ホテル、レンタカーなどの予約・発券ができる。

安全・安心ではウェブサイトに外務省が運営する海外旅行登録サービス「たびレジ」を導入し、登録を促進している。利用者は日程や渡航先の情報を登録すると、渡航先の安全情報や緊急連絡メールを受信でき、緊急時の安否確認に役立てることができる。登録も海外旅行商品の申し込み後に登録ボタンを押すだけの便利なものだ。同行者も同時に登録可能となっている。また海外航空券関連の予約には、「チケットガード保険」と「旅行キャンセル保険」への同時加入を可能にしている。本人や家族の入院、当日の交通機関の遅延や運休などやむを得ない事情で旅行をキャンセルする際に、一部の加入プランを除いてキャンセル料を全額補償してもらえる。従来、安い航空券や旅行商品は変更やキャンセルでは全く返金されないことが多かったが、安心への選択肢が用意されていると購入しやすい。

DeNAトラベルでは、法人デスクがあり出張や研修旅行の手配をしている。「一席二調」というサービスでは出張手配の担当者が他の旅行会社が見積もりした内容を連絡すると、フライトの見積もり内容が最適なものかどうかをチェックしてもらえる。出張の日程や予算と希望の発着時間を元に診断し、最適でなければ新たに改善点と新しい見積もりを提案し、最適であればその旨を報告する。個人用のサービスも各種揃えられていて、例えば海外航空券の予約履歴に基づき飛

たびレジ
外務省による海外安全情報配信サービス。登録すると滞在先の緊急情報や安全情報をメールで受け取れる。

行距離が表示される「フライトヒストリー」をマイページで確認できる。会員の総フライト距離ランキングによって抽選で海外旅行をプレゼントするキャンペーンなどもある。

格安航空券が氾濫した時代は、高くて安心な旅行と不安があるが安い旅行の2極化が進んだ。現在のOTAはただ販売量を増やすために安く売っているのではなく、〝安くて便利で楽しい旅行を提供する会社〟が最後には生き残るということをハッキリと理解し、運営をしているのだろう。旅行業からの視点ではなく、ビジネスに共通する勝ち負けの法則を軸にする他業種からの旅行業への参入は、旧来の旅行業にも新しい視点を与えていく。

株式会社DeNAトラベル（DeNA Travel Co., Ltd.）

本社所在地　東京都新宿区新宿5丁目15番5号
設立年月日　1979年7月　2015年6月1日にDeNAトラベルに社名変更
従業員数　260名（2017年3月末現在）

Ⅷ　メディア販売旅行会社の誕生

1980年代、成田空港の開港を経て、円高が進行し海外でのショッピングの魅力が増し、新しい海外旅行者が増加、海外旅行市場は急拡大していた。この時代は、海外パッケージツアーの品揃え、商品内容だけでなく販売手法にも大きな変革が起き、さらなる新市場開拓へと繋がっていった。

海外観光旅行自由化以降、海外旅行市場を牽引してきたのは団体旅行だった。しかし、1970年代後半にはマーケットの成熟とともに陰りが見え始め、一般募集のパッケージツアーが主流となってきた。こうした中で、募集型セールスの新しい手法として登場したのが、新聞広告による集客を目指した「メディア販売」であった。その先駆けとなったのが、近畿日本ツーリスト渋谷営業所で、1980年頃より積極的な新聞広告を展開しメディア販売という形態を確立した。

メディア販売とは、旅行会社がパッケージツアーを自ら企画造成し、新聞や会員誌などの「メディア」を通じ販売する形態をいう。つまり、旅行の通信販売である。メディア販売旅行会社または総合旅行会社のメディア販売部門は、ホールセラーとリテーラーの両方の機能を持つ。通常、店舗での販売はせず電話で受付をする。添乗員やガイド付きのツアーが多く、旅行者は中高齢者、シニア層が多いのが特徴である。メディア販売は、広告費はかかるが、店舗に係わる経費、リテーラーに対するコミッションなどが不要なため、競争力があるツアー価格を打ち出せる新しいビジネスモデルであった。

新聞広告は新規顧客の獲得が目的で、一度参加した顧客に対してはきめ細かな顧客管理手法を駆使し、定期的にカタログを送付したり、組織化したりし、安定的なリピーターを拡大させていくことにより成長した。メディア販売は、数の獲得で市場に大きな影響を及ぼしたが、それだけではなくシニア市場の開拓やオフ期の需要喚起など海外旅行市場の発展に大きく寄与した。

さらに、１９８４年にはリクルートが海外旅行情報誌『エイビーロード』を創刊したことは大きなインパクトであった。新聞募集が中心だったメディア販売で、複数の旅行会社のツアーを比較検討できる媒体が登場したのである。パッケージツ

通信販売
メディアを使って消費者に直接商品情報を提供し、消費者からは電話などの通信手段によって注文を受ける販売方式。無店舗販売の一つ。

コミッション
委託販売契約に基づく販売手数料のこと。

エイビーロード
リクルートが１９８４年に創刊した、月刊の海外旅行情報誌。複数の旅行会社のツアーを簡単に比較検討できるようにしたことにより、海外旅行を身近な存在にした。２００６年に休刊。

アーや航空券、ホテルなどの旅行素材、現地発着ツアーも比較できる媒体は当時画期的であった。

インターネットの時代になった今日でも、毎日のように旅行募集の新聞広告が紙面を飾っている。実際2016年の新聞広告出稿量では、阪急交通社がランキング2位（前年1位）、クラブツーリズムが13位（前年12位）、JTBが16位（前年14位）と上位に位置している。（エム・アール・エス広告調査新聞広告出稿量上位100社ランキングより）社会状況や景気動向などで、不動産、自動車、製薬などの広告主の出稿量が大きく変化している中で、旅行会社は長く上位に位置する珍しい業界でもある。

メディア販売にとってインターネットは、新聞など紙媒体の補完機能という役割と新規顧客の獲得という目的で、今日では上手に併用している。新聞を読まない層、つまり若年層の新規獲得やインターネットと相性のよいフリープラン型のパッケージツアー販売などに活かしている。

1 クラブツーリズム（1993）
――メディア販売を開発した旅行会社

クラブツーリズム株式会社は、2004年に旅行業大手の近畿日本ツーリストから分離・独立した新聞広告や旅行情報誌『旅の友』を中心としたメディア販売の旅行会社である。キャッチフレーズに「仲間が広がる、旅が深まる」とあるようにシニア世代が旅を通じて、仲間が広がるように、様々なテーマの旅行商品が用意され、テーマごとに共通の趣味に合わせた旅行仲間ができるように工夫されている。会員運営で他業種からも常に注目を集める旅行会社である。

■近畿日本ツーリスト渋谷営業所からの始まり

クラブツーリズムはKNT−CTホールディングスの事業会社で2013年に再び近畿日本ツーリストと経営統合している。2018年4月には近畿日本ツーリストの個人旅行商品の造成が、クラブツーリズムに集約される。クラブツーリズムは近畿日本ツーリスト盛岡営業所長だった高橋秀夫が1980年1月渋谷営

高橋秀夫（たかはし ひでお）
1963年近畿日本ツーリスト入社。1980年渋谷営業所にて旅のメディア販売を始める。2000年近畿日本ツーリスト代表取締役社長、2004年クラブツーリズム代表取締役会長を歴任。

業所に所長として着任し、本格的なメディア販売を開始した時から始まる。

メディア販売とは、個人客をターゲットとするが、店頭カウンター型の対面販売ではなく、新聞広告や旅行情報誌で旅行商品を告知し、電話やインターネットで申し込みを受け付ける販売手法である。また、旅行商品の企画や仕入れも独自で行う製販一体であることが多い。当時は国際ロータリー旅行やJTB団体旅行上野支店でも新聞広告による旅行商品の告知販売は行われていたが、メディア販売事業という旅行販売手法をシステム化して始めたのは近畿日本ツーリスト渋谷営業所が最初と言える。

地方と違って、首都圏では旅行会社の支店や営業所の数は多く、法人相手の団体旅行はエリアを越えて営業に行くが、個人はその営業所の立地するエリア周辺の住人や通勤・通学の人が対象となる。しかしながら、新聞を使った通信販売では、全国紙の場合夕刊であっても東京だけでなく埼玉や神奈川、千葉に住んでいる人も対象となる。当時は、1営業所がエリアを越えて集客を図る事は社内論理の上でもなかなか勇気のいることであった。

当初は媒体を読売新聞1紙に絞り、年間1億円の予算で、半2段、2段、5段、7段と広告掲載スペースを拡大していった。結果は大成功で、営業所の電話は掲

対面販売
店員が顧客と対面し商品の説明しながら販売する販売方法のことをいう。顧客の相談にのり、商品知識を持ち、商品説明ができるなど、一人ひとりの顧客に対応したきめ細かな販売を実現する販売方法。

広告掲載スペース
新聞広告の掲載スペースは、一般的に1頁を全15段、以下全7段、全5段、半5段、全2段、半2段などがある。また、小枠広告として突き出し、記事中、記事バサミなどがある。

載翌日から鳴り響いた。特に、普段都心に出る機会も少なく、旅行商品の買い方がわからなかった年配の方に喜ばれた。

高橋は渋谷営業所でメディア販売が成功した5つの理由として、①商品に従来にない新しい観光地や料理、芸能など新味を付け加えたこと。②直接現地と交渉し、納得のいく仕入れをしたこと。③催行人数を増やす厳しい集客管理を行ったこと。④広告費の予算を商品価格の5～10％に設定したこと。⑤電話対応に細心の注意を払ったこと。を挙げている。

■社内ベンチャーとしての挑戦

日帰り5千円、1泊1万円など、今でこそ手頃な料金のバスツアーはたくさんあるが、当時の大手旅行会社はバス旅行が大きな売り上げにならないため消極的であった。ただバスは発着地を細かく設定できるため、参加者が一番便利な集合場所を選択できるという、消費者にとってはメリットがある。オフシーズンに設定し、最初に商品化した「湯西川温泉2泊3日」は旅行代金1万円で、値段・コース・中身とも満足できる内容でその後に続くヒット商品となった。

1983年9月に後の『旅の友』になる『旅の友ニュース』が発刊される。重要なのは、ただ一方的に旅行商品を宣伝するためのＰＲ誌ではなく、営業所と顧客、そして顧客同士のコミュニティ誌としての機能を持たせたことにある。つまり、クラブツーリズムという会員組織を通じた〝旅の仲間づくり〟を目的とした会報誌だったのである。

また、１９８６年以降は添乗員をＴＤ（ツアーディレクター）という呼称に統一する。「旅を演出し、楽しい充実したものへ導いていくディレクター」という意味で、クラブツーリズムではＴＤを重視し、１９９２年にはプロのＴＤ育成のために「ツアーディレクター・アカデミー」を設置している。

１９９０年には『旅の友』の会員は80万人台に達し、コンピューターを使った顧客データベース・マーケティングも本格化させている。そのころから旅行の多様化が進行し、十人十色と言われる旅行スタイルが当たり前になり、「顧客」を「個客」として認識し、ニーズを捉えていく必要がでてきた。カード会社や銀行などでしか活用されることの無かった大容量の顧客データ分析をいち早く始めたのも渋谷営業所（１９８６年から東京メディア販売事業部に改組）であった。

顧客データベース・マーケティング
顧客管理の手法で顧客情報を可視化して分析し、見込顧客・既存顧客・優良顧客に対してダイレクトにアプローチしていくマーケティング手法。

■クラブツーリズム宣言――仲間が広がる、旅が深まる

１９９３年東京メディア販売事業部は事業本部として、東京営業本部から分離独立する。バブル崩壊で、大手旅行会社の主力であった法人の団体旅行や海外業務渡航が激減した時代である。ただ一般の海外旅行は関西国際空港の開港や円高、旅行商品価格の下落で大いに伸びていた。同業者の参入も激しくなり、ＪＴＢは『旅物語』というブランドで攻勢をかけていた。

クラブツーリズムと他社との違いは、拡大路線に終始せず１００万人の顧客を組織化、クラブ化することで、顧客にクラブを通して仲間づくりを勧めたことにある。仲間づくりのために「旅の友サークル」をつくり趣味・嗜好でつなぎ合わせていく。旅に親和性のある登山やハイキングだけでなく、ダンスなど趣味から旅につなげていくことも行い、テーマ性のある旅を広げることに成功している。

１９９５年にはＦＳ（フレンドリースタッフ）制度を採用している。ＦＳは事業本部が独自に採用するスタッフで、添乗・企画・販売・仲間づくりをトータルに行う旅のプロデューサーである。顧客に近い立場でクラブ運営をコーディネートしていく。旅行会社の正社員の場合、ともすれば旅行以外のことをやりたがらないが、ＦＳはまさにクラブを円滑に発展させるための重要なスタッフというこ

とになる。

1996年には添乗業務を行う会員が登場する。それがFFS（フェローフレンドリースタッフ）である。「客が客を案内する」という、従来の旅行会社では絶対に考えられない発想だが、旅行経験の豊富な会員は、旅行経験の浅い添乗員にまさる能力があった。クラブツーリズムでは、丁寧に説明会を開き、FFSの選考・採用に慎重を期し、「社会参加・自己実現の一環として、ボランティア感覚でツアーに協力していただける人」という基準を設けている。「同年代のフェローさんは、話が合って心くばりができている」と評判のようだ。

旅行情報誌『旅の友』を配るエコースタッフもクラブツーリズムならではの発想だろう。もともと第三種郵便物の基準が厳しくなって対象郵便物から外される際につくられた仕組みだが、客自身が仲間づくりと健康づくりのために自宅を中心とした1キロ四方程度の中で顧客の自宅に配布していく。1994年からはエコースタッフの年次総会も開催している。現在では約300万世帯に7,000人のエコースタッフが『旅の友』の多くを配送している。

第三種郵便物
定期刊行物を対象とする郵便物で、割安な料金で郵送できる。日本郵便による第三種郵便物の承認が必要。

■独創的なイベントや個性的なツアーで仲間づくりを活性化

１９９７年「第一回富士国際音楽祭」が山梨県の河口湖町で開催された。出演者を含め３万５，０００人が集まる大イベントで、運営はクラブツーリズム関係のスタッフが独自に行っている。周辺は８００台のクラブツーリズムの大型バスで埋め尽くされる。会場周辺では、音楽鑑賞だけでなくクラブ・サークルの活動発表会が行われた。また、２０００年にはミレニアム企画として「富士山頂の噴火口の周囲を2，０００人の旅の仲間で手をつなぐ」というイベントも実施された。

クラブツーリズムを象徴するツアーが「ひとり旅」である。〝ひとり〟だけど〝独り〟じゃない、をキャッチフレーズに、一人参加限定の団体ツアーになっている。従来の旅行会社では参加は、２人以上を前提にしている。一人だと一人部屋追加料金を払って参加することになり、他の人に気を遣うこともたびたびである。クラブツーリズムの「ひとり旅」は、バスの席も２名掛けに１人で座るなど工夫している。

クラブの中には自ら運営主体となって中国の人民大会堂で総会を開いた「中国五千年倶楽部」もある。中国の文化や歴史に興味を持つ会員が立ち上げたクラブで、１９９６年12月に北京の人民大会堂で総会を開催した。中国ではＶＩＰ扱い

ひとり旅
ひとりで旅行をすること。ひとりでツアーに参加すること。ＪＴＢ旅のアンケートで「ひとり旅」に関するＷＥＢアンケート（２０１７）によると、ひとり旅をしたことがあると回答は、男性53％、女性47％であった。

でパトカーの先導や故宮博物院で未公開の秘宝が見られたりした。総会には中国の国家旅游局長や故宮博物院長など多彩なゲストが出席したという。

■新生クラブツーリズム株式会社の誕生

２００４年5月にクラブツーリズムは近畿日本ツーリスト本体から分離・独立し、株式会社として発足する。新会社は1，９００人のスタッフ数で6月には上野の東京国立博物館を借り切って創業祭を行っている。今でこそ博物館を活用したイベントは様々に行われているが、その当時は民間が国立博物館を借り切ることなどなかった。〝文化に親しむ〟というクラブツーリズムのミッションが博物館側に理解されたのだという。

また、旅の文化カレッジや介護や終活などの事業にも参入している。２０１５年には生活サポート（家事代行）サービス、フィットネス事業を開始した。２０１４年にはクラブツーリズム・スペースツアーズを設立し、宇宙旅行を発表している。２０１６年には旅行が認知症予防にもたらす効果について、東北大学と共同研究を開始するなど高齢化が進展する日本で、旅行会社の域を越え、高齢者の旅と生活を考える会社となっている。

宇宙旅行
宇宙空間や月や惑星へ旅行すること。地球の大気圏外を飛行すること。現在、民間人の宇宙旅行も計画されている。

クラブツーリズム株式会社（Club Tourism International Inc.）

本社所在地　東京都新宿区西新宿6丁目3番1号
設立年月日　1993年7月1日
　　　　　　2004年5月1日（営業譲渡に伴う新会社発足日）
従業員数　2,202名（2017年4月1日現在）

2 阪急交通社（1948）

——メディア販売商品トラピックスで大躍進

日々目にする新聞広告だが、株式会社阪急交通社は新聞広告出稿量で2005年にトヨタを抜いて1位になって以来、2015年まで11年連続全業種でトップを続けていた。2016年は2位になったがそれでも年間58，594・9段（エム・アール・エス広告調査新聞広告出稿量上位100社ランキングより）と、クラブツーリズムやJTBの2倍以上となっている。その新聞通販の中核がトラピックスである。

■海外航空会社の代理店から始まった老舗の旅行会社

阪急交通社の設立は1948年と古い。旅行業進出へのきっかけは前年の1947年京阪神急行電鉄（現阪急電鉄）の時代に当時世界一の航空会社であったパン・アメリカン航空会社と代理店契約を結び、翌年2月に代理店部を設立して航空代理店業務を開始したことに始まる。同じ年、後に統合する阪神電気鉄道もカンタス航空と代理店契約を結んでいる。複数代理店による自由競争の時代で、

パン・アメリカン航空　日本では通称「パンナム」。全世界に路線を持ち、ボーイング747を最初に導入した。当時のアメリカを代表する航空会社。TBSの『兼高かおる世界の旅』に制作協力していた

代理店部は各国の航空会社と次々契約を締結していく。

1952年に代理店部は太平洋船客航路同盟と一括契約を交わし、太平洋航路を持つ主要な汽船の代理店となる。1954年には観光課を新設し、外国人旅行者の受入を積極的に行うようになった。当時取り扱った客にはサマセット・モームもいた。一方、日本人の海外旅行も徐々に動き出す。海外観光旅行自由化前で、外貨割当の審査は厳しかったが、航空運賃の価格は高く、代理店手数料が7〜8%あったため、海外渡航者1人に対しての獲得競争は苛烈であった。東京—ニューヨーク間は片道21万円で代理店手数料だけで往復3万円と大卒初任給の3倍に達していた。

1960年には阪急電鉄より分離独立し、阪急国際交通社として発足する。1962年に国内旅行を主たる業務としていた姉妹会社の阪急交通社を吸収合併して商号変更し、現在の「株式会社阪急交通社」となった。

■海外旅行に活路——「アラン・ドロンとツアーを一緒に」で注目

阪急交通社は外国人旅行や海外旅行に積極的であった。1969年には「Japan Holiday Tours」ブランドで東京から箱根や京都へのパッケージツアーを販売開

サマセット・モーム　William Somerset Maugham、1874年—1965年。フランス、パリ生まれ。イギリスの小説家、劇作家。代表作に『月と六ペンス』『人間の絆』など。生涯、長期旅行していた。

始する。国際会議ツアーも本格化させている。

海外旅行では、1969年にジャルパックと共に日本を代表するホールセラーとなる株式会社世界旅行（ジェットツアー）の設立に資本参加している。また、独自の旅に対する強い理念を持ち、1971年にパリに本社を置く「クラブ・メディオラネー（地中海クラブ）」との日本総代理店契約を結んで地中海クラブを利用した「ヨーロッパ・バカンスツアー」を売り出した。1972年には海外ホールセールブランド「グリーニングツアー」を発足させる。

1986年から1991年にかけて「アラン・ドロンとツアーを一緒に」を販売して一躍話題となった。新しい時代背景に合わせて企画を大型化するブランドツアーでもあった。1993年には東急観光（現東武トップツアーズ）と折半の出資で「株式会社ヴィータ」を設立し、海外旅行企画販売の効率的な企画販売業務を推進しているが、1997年で提携解消となった。

■販売のアイデアで業界の注目を集める

旅行販売でも阪急交通社はユニークな企画を立てている。それが「クイズ」だった。『株式会社阪急交通社創立30年史』の中では販売戦略と心理戦略の二つの戦

アラン・ドロン
Alain Delon、1935年、パリ郊外のオー＝ド＝セーヌ県で生まれる。フランスの映画俳優。1960年代から1980年代初めにかけ美男の代名詞的存在だった。代表作に、『太陽がいっぱい』『地下室のメロディー』『さらば友よ』『レッド・サン』など。2017年に引退宣言。

略と呼んでいる。販売戦略は、企画性のある高い魅力のあるツアーを格安で大量に販売することで、ポイントは３つある。①大量販売であるから、オフシーズンに絞る。②伝統的に得意とするヨーロッパに絞る。③価値と効果を高めるために、クローズド・マーケットに絞る。である。心理戦略はＡＩＤＭＡの法則を採用したもので、クイズで注目を引き、クイズとの出会いが旅という興味を引き出し、行ってみたいという願望を抱かせ、夢が膨らみ記憶に残り、価格の安さと内容の魅力が購入に結びつくとしている。具体的には、大阪の「虹のまち」や東京の「日劇」で〝当選〟〝優待〟のクイズを繰り返すことで１，０００名以上の集客をあげることになった。

国内旅行では、北海道や九州方面の飛行機利用の旅を積極的に展開しており、ベストシーズンである夏前時期の北海道などを集中的に販売している。

１９８６年には演歌「無錫旅情」のプロデュースをすることで、それまで知る人のいなかった中国の江南の歴史的景勝地無錫《むしゃく》を一躍有名にした。また、映画「長江」ロケ地訪問ツアーとして「さだまさし中国ツアー」や「リチャード・クレイダーマンのヴェルサイユ宮殿コンサート」「太陽にほえろカナダツアー」などを実施して注目を集めた。中国からのインバウンドでは、１９８４年６月22日に中国初

クローズド・マーケット
閉じられた、限定された市場のこと。会員制の通販など。一般の消費者の目につかない価格で販売しているマーケット。

ＡＩＤＭＡの法則
広告宣伝に対する消費者の心理のプロセスを示した略語。商品の購入に至るまで Attention（注意）、Interest（関心）、Desire（欲求）、Memory（記憶）、Action（行動）の段階がある。

の中国人による自費海外旅行団体「中国河北省農民友好訪日団」（通称「万元戸」農民訪問団）という農民ツアー団体の斡旋で日本の旅行業界を驚かせた。

■旅行業の新聞広告出稿量日本一「トラピックス」の誕生

トラピックスは「阪急とっておきプラン」という商品ブランドが前身で、1986年から新聞での定期的な募集広告を始めた。1989年からトラピックスのブランド名を使い始め、事業を専門的に扱うメディア販売センターが設立された。基本的に全食事・全観光付きで添乗員同行というエスコート型のフルパッケージ商品となっていながら、商品を絞り込むことで価格を安く設定している。

当時は近畿日本ツーリストや国際ロータリー旅行が新聞通販を多く出していたが、これらとの差は新聞の半5段のスペースに1つの商品を入れたことである。新聞通販はもともと多くの商品を新聞紙面に掲載するため、1つの商品スペックが小さかったが、大きいスペースを使うことで写真を入れてコースを詳しく説明することができた。食事も表現できる広告スペースは、重要な意味があった。阪急交通社はツアーカウンターが大手旅行会社に比べると少なく、空中店舗が多いため来店が少ない。広告の中で商品をきちんと説明できることは、電話でも対応

空中店舗
雑居ビルやオフィスビルの2階以上に出店する店舗。1階に出店される店舗は「路面店」と言われる。

しやすくとてもメリットがあったようだ。

イメージキャラクターでは、1991年から宝塚歌劇団のトップスターを起用している。高島忠夫《たかしまただお》夫妻は1996年に起用した。理由は1997年から東日本地区もトラピックスブランドに統一したが、東京でトラピックスを訴求するのに、関西ではイメージキャラクターとして宝塚スターは知名度があったが、東京ではあまり知られていなかったためである。1999年には会員向け情報誌「トラピックス倶楽部」も創刊している。この年に新聞広告出稿量が「トヨタ自動車」を抜きランキング1位となった。2002年には海外旅行の取扱高が旅行業界で2位となり、「グリーニングツアー」の造成・販売を中止し、トラピックスに注力することになった。2003年には国内300万人、海外88万人を取り扱い、「トラピックス倶楽部」は全国で300万部の部数となった。ただ、宣伝は新聞広告と「トラピックス倶楽部」だけでなくテレビのCMや番組タイアップ広告などうまくメディアミックスし、旅行説明会にも結びつけている。

■ユニークな旅行通販商品のラインナップ

トラピックスが旅行のイメージを変えたとも言われている。国内商品では、北

宝塚歌劇団
兵庫県宝塚市に本拠地を置く歌劇団で阪急電鉄の一部門。団員は「タカラジェンヌ」と呼ばれる。2014年に創立100周年を迎えた。

番組タイアップ広告
広告の形態の一つで、広告主側ではなくテレビ局が制作し、自らの番組の一部として放送する広告のこと。

海道や沖縄のオフシーズン商品をたくさん出した。当時はその方面は価格が高いイメージがあったが、新聞通販によってロングの方面を手軽なデスティネーションにすることができた。また、首都圏や関西などの都市圏だけでなく地方でも地方新聞を使ってトラピックスの商品を販売している。阪急交通社の支店は販売機能だけでなく旅行商品の企画造成機能を持っていて、地方発の商品を造成している。地方発の商品が増えることは、海外旅行が伸び悩む中で重要なことである。顧客は男女比では女性がやや多く、60代以上が中心である。商品構成では海外旅行が5割強となっている。

最近は、ハイキングや体験で時間を使う体験型の商品が増えてきた。面白い商品では、長期滞在の旅がある。国内のロングステイで夏の釧路や冬の鹿児島・指宿などだ。2013年発売した「北海道 釧路長期滞在10日間」は、夏季最高気温の平均が21・1℃という快適さに加え、滞在中の独自のサポート体制を確立した添乗員同行の国内長期滞在の旅で、シニア層を中心に好評を得ている。暮らすような「日常」を楽しむ中で、旅の醍醐味である「非日常」を体験できることが魅力で、同ツアー参加者のうち約3割がリピーターである。避寒だけでない、暮らすように旅する「あったか鹿児島 指宿温泉 長期滞在の旅 7日間」のサポート体制は、①旅のオリエンテーションとして、滞在中の過ごし方、周辺の見どころなどをご説明する。②日帰り周辺観光バスツアーへ追加代金なしでご案内する。③添乗員が同行し、地元では自治体や観光協会などが安心で快適な滞在をサポートする。と釧路長期滞在と同様の商品コンセプトとしている。今後伸ばしていきたい商品領域は、付加価値の高い特化型の商品である。

■新聞の読者層の変化とメディア販売の未来

阪急交通社の商品構成は、トラピックスのほかに、ゆとりある日程で身体に配慮したクリスタルハート、オーダーメイド主体でプライベートジェットなども扱うロイヤルコレクション、フリープラン型のイーベリー、ヨーロッパ中心の阪神航空フレンドツアーがある。フレンドツアーは２００６年に阪神電気鉄道が阪急ホールディングと経営統合をしたことを受け、２００７年より相互のオリジナルブランド旅行商品パッケージを販売したことに始まる。２０１０年には阪神航空の主催旅行などを阪急交通社が継承することになった。

２００９年には日本旅行を抜いて３位となったが、現在はH．I．S．やＯＴＡの楽天などの台頭もあり６位となっている。新聞は若い人の読者が伸びず、ニュー

プライベートジェット　チャーターして運航する数人から十数人程度を定員とする小型ジェット機のこと。

スもインターネット中心に移行しているので、新聞広告での販売拡大はこれまでとは異なってきており、阪急交通社でもインターネットでの旅行通販にはことさら力を入れている。2018年には創立70周年を迎え、それを記念した商品も発売される。

株式会社阪急交通社（HANKYU TRAVEL INTERNATIONAL CO.,LTD.）

本社所在地　大阪市北区梅田2丁目5番25号
設立年月日　2007年10月1日（創業1948年2月22日）
従業員数　2,606名（2017年4月1日現在）

Ⅷ　ＳＩＴ専門旅行会社の誕生

観光旅行の旅行形態を示す言葉にＳＩＴ（エスアイティー）がある。ＳＩＴとは「Special Interest Tour」の頭文字をとったもので、一般的な観光旅行ではなく、特別な興味、形態、目的地をもって設定される旅行のことである。文化鑑賞や体験を盛り込んだテーマ性、趣味性の高い旅行のことで、テーマとしては様々な内容、形態のものが当てはまり、その範囲は特に定まってはいない。

例えば、美術・音楽鑑賞ツアー、大リーグやサッカーなどのスポーツ観戦ツアー、砂漠を縦断するツアー、高地を走るサイクリングツアー、スキー・スノーボードなどウィンタースポーツの旅、映画やアニメの舞台を巡る旅、ワイナリー巡りなど目的に特化した旅行、さらに南米やアフリカ、南極などへの秘境の旅が挙げられる。

映画やアニメの舞台を巡る旅
コンテンツツーリズムと呼ばれる旅行。小説・映画・テレビドラマ・マンガ・アニメ・ゲーム・音楽・絵画などの作品に興味を抱いて、その作品に登場する舞台、作者ゆかりの地域を訪れる旅のこと。マンガ・アニメの舞台を訪ねる旅は「聖地巡礼」とも呼ばれる。

秘境の旅
数多くの人の訪れたことのない、まだ一般によく知られていない国・地域を訪ねる旅行。

しかし、今日リピーターが増え海外旅行自体が成熟化したことから、一般的なパッケージツアーでもテーマ、目的を絞った旅行が増えてきて、あえてSITと呼ぶ領域の旅行は少なくなってきている。

1980年代頃より、このSITを専門に取り扱う旅行会社が誕生する。比較的小規模な旅行会社が多く、テーマ性、独自性があり、専門度の高いツアーを企画造成し、そのテーマに興味のある人が接触する専門誌や専門のサイトで集客し、一度参加した顧客に対してはきめ細かく情報を発信しリピーター化する。特徴を明確にし、高度な専門性を持つことが、小さな旅行会社の生き延びる方法でもあった。

SITに参加する旅行者は、自分の知的欲求を満たすだけの質や魅力がそのツアーに見出せれば、たとえ旅行代金が高くても申込む傾向がある。具体的には専門知識を持ったガイドの同行や、通常のツアーでは訪れない場所、特別な体験などが大きな要素となる。SITは、催行本数や1ツアー当たりの人数も多くないが、確実に集客し催行に結びつくことが多い。また、他と比較されることが無いので収益も確実に確保することができる。

仕入造成に関しても、海外には特定の目的地や旅行者層に特化したツアーオペレーターが多く存在し、高度なリクエストにも応えてくれる。また、専門性の高いツアーに特化することにより、その分野の企画力、仕入力、現地対応力などのノウハウが蓄積され、大手総合旅行会社では出来ない商品、サービスを提供することができる。

ＳＩＴ専門旅行会社で多いのは、一般のパッケージツアーの設定の少ない、特定の地域や国へのツアーに特化した旅行会社である。アフリカや中南米、チベットやネパール、南極などいわゆる秘境地への旅専門旅行会社である。現地事務所を持っている旅行会社も少なくなく、その地との結び付きも強く、最新の現地事情に詳しいのが特徴である。

美術鑑賞、音楽鑑賞、メジャースポーツ観戦などに特化した旅行会社もある。それぞれ、多くの趣味層が存在し、旅行需要は決して少なくない。専門故に入手困難なチケットが入手できる。スキー・スノーボードやサーフィン、スキューバーダイビング、サイクリングなどスポーツ体験ツアー専門も多い。少数民族のくらしや文化、祭りと出会う異文化体験、野生動物を間近でウォッチング、大陸や山間を走る鉄道の乗車体験、映画のロケ地巡り、さらには、農業や植林、環境保護活動などボランティア体験を扱う旅行会社もある。

少数民族
ある民族や国家や地域などにおいて、支配的多数民族と比較して少数である民族集団を指す。少数民族の独自の生活文化を対象とした観光をエスニックツーリズムと言う。

1

道祖神 (1979)

――アフリカ旅行専門のS I Tツアーの老舗

株式会社道祖神《どうそしん》は、日本で唯一のアフリカ旅行専門店で約40年の歴史がある。ケニアのナイロビと南アフリカのヨハネスブルグには直営店があり、日本人駐在員を派遣している。そのため現地情報がリアルタイムに把握でき、アフリカに関する情報量は旅行会社の中でも群を抜いている。アフリカ以外では、大型バイクでロングツーリングを楽しむモーター・サイクル・ツアーやカヤックツアーなどのアドベンチャーツアーを主催している。

■アフリカに魅せられ、道祖神を設立

道祖神は熊澤房弘《くまざわふさひろ》がアフリカ好きの人や友人を総動員して株主21名で設立したアフリカ専門の旅行会社である。道祖神とは旅や交通安全の守り神として信仰されている路傍の神で、英語の社名もトラベラーズ・ガーディアン（旅の守り神）としている。

アドベンチャーツアー
比較的少人数で自然に負荷を掛けないエコツアーやハイキング・サイクリング・カヤックなどでアクティブに現地を巡ったり、地元の人との交流を楽しむツアー。欧米で人気が高い旅行。

熊澤とアフリカとの出会いは世界一周自動車旅行を計画して、１９７４年に単独でモロッコから南アフリカを目指したことに始まる。南アフリカでは当時アパルトヘイト政策のため黄色人旅行者の入国が拒否され、ケニアのナイロビに戻る。そこで出会った人からロンドンの旅行会社が盛んに行っていたトラック・ツアーを知り、自分たちでもやってみようとなった。それがアフリカ縦断１００日間の旅「ＡＦＲＩＣＡ１００」である。ツアーは１９７４年12月にロンドンから出発したが、トラブルの連続で途中断念する。熊澤はそれでも諦めずに帰国後すぐに第2回目のツアーを立ち上げ、今度は成功を収めた。１９７６年にはナイロビに現地受入会社「DoDo World（ドウドウワールド）」を設立させている。

１９７９年6月に道祖神を設立した当初は格安航空券が売上の9割を占めていた。１９８０年代に入ると、テレビＣＭをアフリカで撮影する企業が増え、撮影クルーの現地コーディネートを請け負った。海外旅行が順調に伸びていた時代で、大手各社もサファリツアー等でアフリカツアーを販売していた。道祖神はそうした大手各社のパッケージツアーでアフリカに興味を持ち、また行ってみようとするリピーターにありきたりでないアフリカツアーを提供していった。

アパルトヘイト
南アフリカで１９４８年に法制として確立された人種隔離政策。白人と非白人に分けて強く推進された。１９９４年に全人種による総選挙が行われて撤廃となった。

撮影クルー
映画・テレビ・ＣＭなどの映像を撮影するチーム。ムービーカメラクルー。監督やディレクター、カメラマン、照明、音声などのスタッフのこと。

■品質を高めリピーターの定着を図る

１９９０年代に入ると『エイビーロード』でも、ケニアのサファァリツアーを販売する会社が現れる。アフリカツアーにも価格破壊の波が押し寄せ、「安かろう、悪かろう」の商品も増えたが、道祖神は品質にこだわった。特にアフリカでは安全性が重要になる。道祖神の東アフリカツアーは参加者全員が「ＳＯＳシステム（緊急ネットワークシステム）」に加入している。また、現地では小型機で駆けつけるフライングドクターとも契約している。土曜日も交代で社員は出勤し、現地の DoDo World オフィスと連絡を取り合っている。アフリカ各国の在日大使館や在アフリカ日本大使館とも常に連絡を取り合うことができる。また、オフィスにはアフリカ関係の書籍や写真集を集めた資料棚があり、ツアー参加者でなくても閲覧できる。人気のスワヒリ語講座やアフリカ・カルチャー講座を創業時から続けている。まさにアフリカを知れば知るほど頼りになる会社と言える。動物写真家の岩合光昭《いわごうみつあき》や映画監督の羽仁進《はにすすむ》など著名人も多く利用している。

道祖神のツアーは徹底した少人数制である。基本的に12人以内で、６人限定というツアーもある。小人数だとトイレ休憩の待ち時間も少なく効率的にツアーが運営できるうえ、お互いに話題を共有し一緒に盛り上がりやすい。移動車両は原

スワヒリ語
ケニアやタンザニアなどで公用語になっている。アフリカ東岸で広く使われている言語。

則窓側席を利用できる。東部アフリカのサファリツアーでは、窓側を確約してじっくりと動物観察や撮影が楽しめる。また、アフリカツアーは、日本の手配会社経由ではなく直接現地手配会社と交渉して細かい点まで確認し造成している。特に現地のガイド教育には力を入れ、日本人旅行者の気持ちがわかるガイドを育成している。旅の拠点であるナイロビには、直接日本人社員を派遣するほか日本語の話せるケニア人ガイドが常駐している。もちろん日本から同行する添乗員は道祖神のアフリカ通の社員である。

リピーターには特典がある。参加したパッケージツアーを5年以内に再び利用すると、回数によって5千円から2万円が旅行代金から割引される。

■専門店ならではのツアー内容

１９９８年のツアー・オブ・ザ・イヤーで道祖神は準グランプリを受賞している。対象となったのは『アフリカ大陸横断エクスペディション（探検）２００日間』で広大なアフリカ大陸を、トラックをチャーターしてキャンプ生活をしながら南北に縦断するツアーだ。全18ヶ国、3万3千キロを走破する。コースは5コースに分かれていて、コース毎の参加もできる。創業20周年の記念ツアーであった。

サファリツアー
アフリカ大陸を陸路で移動しながら、野生動物の観察・鑑賞を行う旅行。サファリは、スワヒリ語で「旅行」を意味する。

Aコースはイギリス領ジブラルタル～セネガル、Bコースはセネガル～トーゴ、Cコースはトーゴ～カメルーン、Dコースはケニア～ジンバブエ、Eコースはジンバブエ～南アフリカで、各コース62万～69万円で参加できる。全コース通しての参加は189万円だった。このコースには28名が参加した。

宿泊もアフリカ専門会社ならではだ。サファリでは、キャンプを薦めている。キャンプには他に宿泊手段がないからキャンプするというものと、より近く自然を感じたいからキャンプするものの2つがある。どちらも風の音、草の香り、鳥のさえずり、野生動物の咆哮といったホテルでは味わえない感動を得ることができる。焚き火の炎と満点の星空は非日常空間の体験となる。キャンプといっても自分で食事を作るわけではなく、腕利きのコックが同行し、新鮮な食材で作った出来立ての料理が味わえる。本当の意味のグランピングではないだろうか。サファリ中の宿泊は大きく分けてテントロッジスタイルと木造やコンクリート製のロッジスタイルの2通りあり、そのほとんどがコテージ風に一つひとつが離れている。

ロッジの場合はリゾート感あふれるもので、各ロッジがそれぞれ趣向を凝らした外観・内装・食事・サービスで客をもてなす。テントは小さなものではなく、立って歩ける高さと広さがあり、内部に水洗トイレ、シャワー、鏡台がある。テント

グランピング
グラマラス（魅力的な）とキャンピング（キャンプ）を組み合わせた造語で、自分でキャンプ道具を持って行ったり、テントを張ったりすることなく、自然環境の中でホテル並みの豪華で快適なサービスを受けること。

の構造は丈夫で雨風の心配は要らない。雰囲気のいいレストランやバー、暖炉があるゆったりと寛げるロビーなど映画のワンシーンのような場所もある。

そんな非日常の空間は、ハネムーンにもぴったりだ。ハネムーナー向きの商品も多く用意されている。例えば、「ケニア北部ロイサバ スターベッドで眠るサファリ８日間」では、夜は部屋のベランダにベッドを出して、蚊帳を吊って眠ることができる。晴れた夜は満天の星や月が堪能でき、夜が白みかける頃の空、そして朝日と眠ることを忘れてしまうほどの思い出に残る時間が味わえる。

■もう一つのＳＩＴ「モーター・サイクル・ツアー」

道祖神の得意とするもう一つのＳＩＴがバイクツーリングである。創業者の熊澤も会社設立の前に２ヶ月ほどかけて２５０ccのバイクで日本を一周している。バイクツーリングはオンロードとオフロードの２種類がある。オンロードツーリングの定番コースでは、「ＵＳＡツーリング アメリカ大西部周遊とルート66 ８日間」がある。モニュメントバレーからグランドキャニオンへ、そしてアリゾナの荒野を貫くルート66を行くコースで、ラスベガスでハーレーダビッドソンなどの大型バイクをレンタルし、バレー・オブ・ファイヤーからザイオン国立公園へ

オンロードとオフロード
オンロードはアスファルトで舗装された道路全般のこと。オフロードは舗装されていない道のこと。また、公道でない脇道のことも指す。

ルート66
１９８５年に廃線となった国道66号線（U.S. Route 66）のこと。イリノイ州シカゴとカリフォルニア州サンタモニカを結ぶ全長３,７５５㎞の旧国道。アメリカの映画や小説によく登場する。

駆け抜ける。途中夕日に照らされた真っ赤なモニュメントバレーを走り、絶景のグランドキャニオンへ向かう。歴史あるルート66を走り、映画『イージーライダー』のロケ地や『カーズ』の舞台地セリグマンなどを楽しむコースだ。総走行距離は、1,690㎞におよぶ。

オフロードツーリングでは、ケニアに広がるサバンナの大自然を堪能するコースや熱帯パプアニューギニアをオフロードバイクで山岳ダートコースを駆けるコースが用意されている。ケニアのコースでは、モンバサでバイクをレンタルし、サバンナを駆け抜ける。途中4WDに乗り換えてサファリを楽しんだりカヌーに乗るなど、ビギナーでも楽しめるコースになっている。パプアニューギニアのコースでは、無数に延びるオフロード・トレイルでのライディングを楽しみながら人々との交流を楽しみ、島中央部を横切るスタンレー山脈の麓ブロロへ向けて渓谷に延びるフラットダートを走る中上級者向けのコースになっている。

他にも、「道祖神アドベンチャーワールド」というブランドがある。これはカヤックやサイクリングなど、世界中のアドベンチャーツアーをラインナップしたものだ。カヤックの旅では、「大河ユーコンを行く カナディアンカヌーの旅8日間」や「アマゾン・カヤック&キャンプ・アドベンチャー10日間」がある。またサイ

トレイル
自然道のこと。森林や里山、海岸、集落などを通る歩くための道。

クリングでは、「神々の島 バリ島サイクリング 6日間」や「光輝く島スリランカ・サイクリングと世界遺産8日間」などがラインナップされている。

■道祖神が伝えたいこと

道祖神は、マリ共和国やニジェール共和国の名誉領事館より入国査証代理申請指定者に選任されている。在日アフリカ各国の大使館とも親交が深く、共同イベントも開催している。アフリカは日本の80倍を超える面積があり、54の国、9億人を超える人々が暮らしている。かつてサハラ砂漠以南は暗黒大陸と呼ばれ、未開の地と思われていた。〝観光は平和へのパスポート〟と呼ばれるのは、実際に行って現地の人々と触れ合い、お互いの国と地域を理解し合うことで、異文化・文明への共感と評価が民族間の理解を促進し、世界平和の伸張に寄与するからである。道祖神はツアーだけでなく、日頃の活動を通して日本人のアフリカへの意識を少しずつ変えようとしている。

また、アフリカだけでなく南米アマゾンやパプアニューギニアの旅でも、単にアドベンチャーツアーということではなく、異なる民族同士が触れ合う時間を大切にしている。それは少人数のツアーと詰め込みすぎない日程にこだわることで

観光は平和へのパスポート
Tourism:Passport to Peace。1967年国際観光年のスローガン。国際観光の世界平和への寄与を表現したもの。

実現されている。２０１７年のアフリカパンフレットの見開きには〝あなたの「アフリカ」を見つけに行こう〟と書かれている。旅の楽しさは自分で〝見て、聞いて、感じること〟とのポリシーから、旅行者への過剰な案内はあえて控えるという。旅に対する道祖神の姿勢が感じられる。

株式会社　道祖神　(The Travelers Guardian Inc.)

本社所在地　東京都品川区西五反田7丁目24番４号
設立年月日　１９７９年6月11日
従業員数　17名（２０１８年1月現在）

2 風の旅行社 ――ネパールツアーから始まったＳＩＴ専門旅行会社（１９９１）

株式会社風の旅行社は、ネパール、チベット、ブータン、モンゴル、中南米などを得意とするＳＩＴ専門旅行会社である。オリジナリティーを基本コンセプトに、他では売っていない「風のツアー」を企画造成している。ネパールではヘリテージホテルの「風ダルバールカマルポカリ」や直営ロッジ「つきのいえ」、提携リゾート「はなのいえ」を、モンゴルでは直営キャンプ「ほしのいえ」「そらのいえ」を運営している。現地支店（風ファミリー）や現地提携旅行会社（風ネットワーク）と密に情報交換し、現地と一緒に作ることに徹している。

■「もっとネパールへ日本人に行ってほしい」という思いから会社設立

風の旅行社は１９９１年に設立された。前年の１９９０年にメインデスティネーションのカトマンズに連絡事務所「はなのいえ」を開設している。同時に「ネパール・パノラマ・トレック（ＮＰＴ）」を設立し、日本人のトレッキング手配を開始した。風の旅行社はＮＰＴに送客するために日本でつくった会社でもある。風の旅行社という社名は発起人の比田井《ひたい》博《ひろし》が「風っていう字も好きなんだ。いいだろう。横文字はつまらん」と発案し、そのインパクトに圧倒され決定したという。

１９９２年には「はなのいえ」を改組し、ネパール・カトマンズ支店を開設した。航空券とトレッキングを自由に組み合わせる「ネパール・カセットプラン」を発売している。カセットプランはその後、チベット、モンゴルなどでも発売される。１９９３年には直営ロッジ「つきのいえ」をネパール・ダンプス村にオープンさせた。扱うエリアも拡大し、チベット、ブータン、モンゴルへと広がっていく。ただ、このころは格安航空券や格安ツアーの全盛期で、その取扱いに傾注し得意とする方面の一般ツアーは1割程度だった。

１９９６年頃から格安航空券競争を止め、本来のデスティネーションを丁寧に販売し、リピーターを増やしていく経営方針に転換する。翌年自社ツアーのみを販売する専門店として大阪支店が「ハービスＯＳＡＫＡ」に誕生する。この３Ｆフロアは〝世界の旅市場〟と名付けられた旅行情報発信基地になっており、旅好きの人のためにパソコンを置いた情報デスクや図書館、セミナーなどイベントのできる小ホールが設置されている。大手よりも専門旅行会社が軒を連ねるスペースだった。風の旅行社のパッケージツアーは好評でよく売れた。

１９９８年にはＭＩＡＴモンゴル航空と販売代理店契約を結ぶ。またＡＮＡのモンゴル・チャーター便の取扱いを始め、翌年には14便ものチャーター便を飛ばし、２０００年にモンゴル・ウランバートル支店を開設する。ただ、さすがに14便は多すぎ、販売は厳しかったようだ。２００１年にはモンゴルに直営移動キャンプ「ほしのいえ」をオープンさせる。

■〝風らしさ〟を重視した商品づくり

代表の原優二がスタッフと話すときに〝風らしさ〟という言葉が出てくる。特別な定義はないのだが、明らかに〝風らしさ〟は存在するという。それは〝個〟を尊重することでもある。風の旅行社はネパール、チベット、ブータン、モンゴル、モロッコ、ペルー、中南米、ウズベキスタン、キルギス、カンボジア、ラオス、ミャンマー等へ広がっていったが、大切にしてきたことが現地と直接つながることであった。

そのために「風ファミリー（現地支店）」や「風ネットワーク（現地提携旅行会社）」と共同してオリジナリティーにあふれる旅づくりをしてきた。特に安全・安心を

チャーター便
定期航空路線のない路線で団体旅行の需要に対応するため旅行会社や航空会社が貸切にした飛行機のこと。包括旅行チャーター（ＩＴＣ）は、旅行会社が宿泊などの地上手配と航空手配を組み合わせて一般募集ができる。

原優二（はらゆうじ）
１９５６年生まれ。東京都職員、小学校教員を経て、１９９０年に海外旅行専門の旅行会社に就職。１９９１年、風の旅行社設立。

確保するためには現地の最新情報は絶対に必要で、日本の旅行会社経由でなく直接現地とつながる利点は大きい。旅づくりでも、単に自然や歴史的建造物を見るだけでなく、その国・地域の歴史、文化、習慣、生活を体験できるツアーとなっている。また、〝2人催行行きたいときが出発日〟など少人数のツアーを基本としていたが、2015年度からは総合ツアーパンフレット「風の季節便」を発行し、出発日限定のよりオリジナル性を高めたツアーに力を入れている。

ツアー・オブ・ザ・イヤーでは2001年に「風のチベット」、2002年に「風のモンゴル」のシリーズが準グランプリを受賞、2007年には「自転車でヒマラヤ縦断」が審査員特別賞を受賞している。定番商品となった風のモンゴルの「ほしのいえセレクト乗馬6日間」では東京を出発し、ウランバートルを経由して車でアルタンボラグに行く。宿泊は直営移動キャンプの「ほしのいえ」だ。電柱や電線の無い大草原の中に遊牧民の文化であるゲルがあり、草原の真ん中でハーブの香りに囲まれた遊牧民の暮らしを身近に感じられる。夜は外灯がないから美しい星空が大パノラマとなって空一杯に広がる。客室ゲルに使われている家具は全て特製で、伝統的なモンゴル様式でそろえている。食事は専属コックがモンゴルの伝統・家庭料理を大切にしながら、料理を提供する。乗馬は現地スタッフにじっ

ゲル
モンゴル高原に住む遊牧民の伝統的な移動式住居。運送して組み立てることができる。

くりと馬の扱い方や乗り方を教わりながらキャンプ周辺で乗馬練習を行い、上達の度合いによってグループ分けをして、それぞれ乗馬を楽しむ。

通常このような辺境の地では温泉など望むべくもないのだが、風の旅行社では２００９年にモンゴルにツーリスト温泉キャンプ「そらのいえ」をオープンさせた。目の前が１８０度草原の露天風呂で疲れを癒し、大地に沈む夕日や満天の星空を眺めながらの入浴は他では味わえないリゾート体験となっている。ネパールでは２０１１年に直営ロッジ「つきのいえ」の五右衛門風呂を露天風呂に改造した。スタッフが薪で焚いて沸かしてくれて、ヒマラヤを眺めながら風呂を楽しむことができる。

■事件や天災を乗り越えながら理念を貫く

ネパールやチベットは２００１年以降、様々なトラブルが起こったエリアである。６月にネパール王宮乱射事件が起こる。９・11米国同時多発テロの後、11月には非常事態宣言が出され、５年間にわたり旅行者の大幅減少が続く。

２００３年には新型肺炎ＳＡＲＳによってゴールデンウィークのチベットツアーが中止になる。ほとんど患者の出なかったモンゴルでも大きく減少した。

2015年4月にはネパール大地震が発生し、直営のホテルもダメージを受ける。その後、常連客からも800万円を超える支援金が集まり、現地のカトマンズ支店と共に被災者を支援、復興ボランティアツアーも実施している。

様々な試練に見舞われながらも、風の旅行社の商品づくりは一貫したコンセプトの元で拡充していく。エリア別だけでなくDoをテーマにした旅を提案するのもその一つだ。トレッキングやハイキング、乗馬、自転車、バードウォッチング、撮影、料理、音楽など様々なテーマがある。例えば、「風の女子旅 カメラ×おさんぽモロッコ8日間」ではリアドに泊まって小さな町と旧市街を巡る。絵になる場所を良く知っているガイドがとっておきの場所へと案内する。買い物よりものんびり撮り歩くことの好きなカメラ女子のために作ったツアーである。また、バードウォッチングでは、風の鳥日和として台湾や韓国へバードウォッチング歴の長い案内人と同行で探鳥ポイントを巡ることができる。

2012年には「学生スタディツアー」と「風の山人」の販売を開始した。学生スタディツアーは、体力と好奇心満タンの若い世代だからこそ、ありきたりの場所ではなく、より遠くの地へという方針のもと、観光ではなく、人々の暮らしの中に入りこみ、現地の人や仲間との交流を深める旅だ。学生だけではなく、社

バードウォッチング
森林や河川、湖沼、湿原、海岸など、鳥類が多い環境に出向いて野鳥を観察すること。野鳥観察とも言われる。この趣味を楽しむ者はバードウォッチャーと呼ばれる。

会人も参加できる。「FOOTRAVEL（フットラベル）」というシリーズでは、ネパールやモンゴル、モロッコ、ペルーなどでサッカーを通じて現地の人々と交流し、現地の生活を体験することが出来る。サッカー試合会場もモンゴルの大草原など、普段体験できない場所になっている。

風の山人では、国内外のトレッキングコースをラインナップしている。本格的なネパールの「アンナプルナBC ONE WAYトレッキング９日間」のコースは、復路にヘリコプターを利用することでツアー日数を短縮したトレッキングで、ネパールに数あるヒマラヤ展望地の中でも、群を抜いた迫力を持つアンナプルナベースキャンプで絶景を体験できる。国内のツアーでは、各月のテーマに沿った内容を、机上講習と実践講習に分けて学ぶ山歩き講座もある。

２０１５年5月には風カルチャークラブを別会社としてグループ化して設立している。これは、人間も含めた全ての「自然」をテーマに、専門家に話を聞く場を提案するもので、講師による解説が知らない世界への扉を開いてくれる。海外だけではなく国内もあり、日本各地から参加しやすいように現地集合解散としている。カスタムナイフのメーキングなど本格的なものづくりに挑戦するツアーも設定している。「悠々ニッポン」という長期滞在講座もある。じっくりとその地

BC
ベースキャンプ（base camp）の略。登山を開始する際に必要物資を集積する拠点となるキャンプ地。

に腰を落ち着けて、陶芸や自然農法を学ぶ。田舎暮らしの場所探しにもなるコースだ。

■SITの仲間と旅の専門店連合会「旅専」のメンバーに

旅の専門店連合会「旅専《たびせん》」は、1999年3月に設立された旅行業界の中で独自の「専門性」を持つ職人タイプの旅行会社集団で、価格志向、大量販売型のお仕着せ旅ではなく、客の要望をかなえる旅づくりをする旅行会社が20社集まった組織である。風の旅行社も発足時からメンバーに加わっていた。特定の国・地域、専門分野に関しては他社の追従を許さない情報量・企画力を持っている。

エリア別ではアフリカ、イタリア、スペイン、北欧、地中海沿岸、南米、中国、シルクロード、ロシア、インド、ネパール、モンゴル、インドシナ、タイ、韓国、フィリピン、マレーシアなどの専門地域や国がある。風の旅行社の他に前出のアフリカ専門店の道祖神やインド旅行専門店のビーエス観光、イベリア半島・ヨーロッパ専門店の旅コンシェルなどが入っている。テーマ別では、クルーズ、ダイビング、トレッキングといった専門分野があり、クルーズのゆたか倶楽部や登山・トレッキング・ハイキング旅行専門店のアドベンチャーガイズ、バードウォッチ

自然農法
農薬や化学肥料に依存しない、自然の働きを引き出すことを特徴とする農法。

ングツアー専門店のワイバードが会員だ。国内対象では、小笠原諸島専門のナショナルランドや国内スキー専門旅行会社のトラベルロードが加入している。

旅行関係のイベントに共同で出展したり、旅専のホームページやフェイスブックでは各社のお薦めツアーや最新現地情報を見ることが出来る。独自の旅づくりと多様な品揃えを誇る旅行業界の個性派として高い評価と信頼を得ている。

株式会社 風の旅行社（Kaze Travel Co., Ltd.）

本社所在地　東京都中野区新井２丁目30番地４号
設立年月日　１９９１年５月24日
従業員数　21名（２０１８年１月現在）

Ⅸ　オンライン旅行会社（ＯＴＡ）の誕生

旅行会社による旅行の販売方法の流れを概観すると、50〜60年代は国内・海外旅行ともに団体旅行の全盛期で、営業マンによるセールスが主体であった。70年代に入ると個人旅行が増加し始めパッケージツアーが普及し、店頭販売が主流になっていく。80年代になるとパッケージツアーのバリエーションが増え、新聞、雑誌、会員誌を活用しコールセンターで受け付けるメディア販売が伸長する。

90年代になると、それらの販売手法に加えインターネット販売が登場する。ホテル・旅館や格安航空券など比較的単価が低い単品商品から始まる。アクセスする消費者の方が回線料、利用料を払ってくれて、クレジットカードやデビットカードで簡単に決済できる。ホームページは比較的容易に作成でき、日々の更新も可能であ

単品商品
旅行会社において、ホテル・旅館、鉄道、航空などそれぞれを単品と呼ぶ。ホテルと鉄道、航空などを合わせて予約販売するものを総合旅行と呼ぶ。

る。新聞や雑誌の広告掲載料に比べると遥かにローコストな流通チャネルが誕生した。

２０００年代、インターネット販売はＪＴＢをはじめとする大手旅行会社や格安航空券販売会社が取り組み始めた。同時に、オンライン旅行販売に特化した旅行会社が市場に登場する。オンライン旅行会社、近年ではＯＴＡと呼ばれる旅行会社であり、２０１０年代に旅行ビジネスの主要プレイヤーとなる。

総務省の「通信利用動向調査（２０１６）」によると、２０１５年末の「携帯電話・ＰＨＳ」および「パソコン」の世帯普及率は、それぞれ95・８％、76・８％となっている。また、「携帯電話・ＰＨＳ」の内訳は「スマートフォン」が72・０％と普及が進んでいる。２０１５年末のインターネット利用者数は１億46万人、人口普及率は83・０％となっている。端末別インターネット利用状況をみると、「パソコン」が56・８％と最も高く、次いで「スマートフォン」（54・３％）、「タブレット型端末」（18・３％）となっている。もうすでに、ほとんどの日本人が何らかの端末を使用してインターネットを利用している実態が分かる。

２０１５年度の旅行会社（旅行仲介業者等）の販売額は７・９１兆円で、旅行会社のオフライン（インターネット販売以外）での販売額は５・５５兆円で70％を占めるが、30％はオンライン販売になっている。旅行会社のオンライン販売額は０・

タブレット型端末
液晶ディスプレーなどの表示部分にタッチパネルを搭載し、指で操作する携帯情報端末の総称。iPad が代表的なもの。

71兆円で9%、OTAの販売額は1・65兆円で21%であった。（出典：フォーカスライトJapan「日本のオンライン旅行市場調査 第3版」2016年） 旅行商品の3割は既にオンラインにより販売されており、この数値は毎年確実に増加している。

オンライン旅行取引サービスに関する調査によると、この1年間に国内旅行をした者の82・9%、海外旅行をした者の63・7%が「オンライン」で予約をしたと答えている。高額でコンサルタントが必要な海外旅行は、国内旅行に比べてオンライン予約の利用率は低いが、すでに半数を大きく超えている。

オンラインで旅行予約する理由については、「店舗に行かずに予約できる」（65・7%）、「都合の良い時間に予約できる」（64・0%）、「空き状況等が直ぐに確認できる」（62・1%）を理由として選択する者が多く、「安く予約できる」は46・3%にとどまっている。安い旅行を求めてではなく、予約の利便性が評価されている。（出典：三菱UFJリサーチ&コンサルティングによる調査2016年） 今後の加速度的な伸長は疑う余地がない。

1 楽天トラベル（１９９６）

――日本最大級のＯＴＡ

楽天トラベルは、宿泊予約、航空券、バスやレンタカーなどの予約ができるオンライン旅行予約サービスで、楽天株式会社が運営している。２００３年に急成長していたホテル予約サイトの「旅の窓口」を楽天が買収し、楽天トラベルに統合した。日本での登録宿泊施設数は３万軒以上と最大級である。観光庁の主要旅行業者の旅行取扱状況年度総計によると２０１６年度の売上で国内旅行ではＪＴＢに次いで2位、総合でも2位の取扱額となった。楽天経済圏（楽天エコシステム）を武器に出店者と利用者を今も拡大させている。

■「ホテルの窓口」から「旅の窓口」そして「楽天トラベル」と統合

１９９６年に日立造船の子会社であった日立造船コンピューター取締役の小《お》野《の》田《だ》純がインターネットを利用したホテル予約サイト「ホテルの窓口」を立ち上げた。前年にウインドウズ95が発売され、ようやくインターネットが普及し始めた

ウインドウズ95　マイクロソフトが１９９５年に出したオペレーティングシステム。ユーザーインタフェースデザインに優れ使いやすい。ネットワーク機能が充実しており、インターネット接続が容易になった。

翌年のことである。もともと社内の出張手配でホテルとの契約はあったそうだ。なぜ造船会社がITかと思うかもしれないが、造船業は作業工程が膨大で、システム設計が重要になる。システム設計は造船会社が得意とする分野なのだ。事業化の前には観光関連各社にシステム開発の提案をしたが、乗ってくる会社は皆無で自社での事業化となった。

1999年7月には「旅の窓口」に名称を変更し、日本のインターネット宿泊予約サイトのトップとなる。2000年には運営セクションがマイトリップ・ネットとして分離独立する。出張というニーズを掴んだサイトで、宿泊以外の航空券なども i モードや EZweb などの携帯機能によって便利に予約できた。契約施設もホテルだけでなく旅館にも広げ、同年10月25日時点で会員数61万人、契約施設数は国内5,600軒、海外2,178軒、航空会社は国内外49社が予約可能となっている。宿泊予約は9月単月で21万件にのぼった。

2000年代に入ると、様々な宿泊予約サイトが立ち上がる。2001年には楽天が楽天トラベルのサービスを開始し、海外も取り扱う内容であったが「旅の窓口」にはかなわなかった。2003年に楽天が323億円で日立造船からマイトリップ・ネットを買収する。2004年9月14日に楽天トラベルと事業統合し

---

iモード
1999年、NTTドコモが自社キャリアのために開発した携帯電話IP接続サービス。iモードメールやウェブページの閲覧などができる。iモード用の様々なサービスが開発された。

た当日の日本経済新聞には、「本日より、楽天トラベルが旅の窓口になります。」とサービス統合の広告が掲載された。その後も、ツアーバス企画販売を行う会社を買収、２００６年には全日空との合弁によるダイナミックパッケージ「ＡＮＡ楽パック」の事業会社を設立し、サービスを拡大させていく。２０１４年４月には楽天に吸収合併され、楽天トラベルはブランド名としてサイト上の名前となった。

■旅行業の常識を覆す事業展開を開始

「旅の窓口」と従来の旅行会社を比較すると、宿泊の仕入れと販売方法に大きな違いがあることがわかる。まず、仕入れだが大手旅行会社の場合、仕入れセクションが旅館やホテルと交渉し、一定数の部屋を在庫として預かり販売する。手仕舞日を決めて、期日までに売れ残ると無償で宿泊施設に返却する。宿泊施設としては非常に困るが、慣例となっていた。施設側では預けた部屋の予約コントロールはできない。「旅の窓口」では、事前に部屋を預けることなく自らオンライン上で空室の出し入れが可能となった。つまり、在庫コントロールの主導権は施設側にあるのだ。

手仕舞日
旅行会社が宿泊施設などから預かった部屋の売れ残り分を再び宿泊施設などに返却する日のこと。

次に宿泊料金である。旅行会社での販売は、宿泊プランのパンフレットが半年ごとの切り替えのため、1度決めた料金を年度の途中で変更することは難しかった。「旅の窓口」ではウェブサイトへの掲載を宿泊施設側が行うため、予約状況によって柔軟に変更が可能となった。特にホテルでは、レベニューマネジメントによる効率的な値付けができるようになった。

また、客の支払い方法も旅行会社の場合は旅行代金として旅行会社に事前に支払い、宿泊クーポンを受け取って宿泊し、施設はクーポンで清算するのに対して、「旅の窓口」では客が宿泊施設で直接支払いのできる仕組みをつくり、販売手数料も6％と旅行会社の半分以下であった。その後2005年に6～9％と値上げされたが、それでも高い手数料ではなかった。

「旅の窓口」は、旅行者の利便性とお得な宿泊料金に加え、従来の旅行会社との契約に不満を持っていた施設や自社で在庫をコントロールできる自由度が魅力となり、会員数・契約施設数とも順調に増やし、インターネットでの宿泊販売を不動のものにした。

レベニューマネジメント
航空会社やホテルなどの経営に導入されている収益を最大化にするための戦略。

■サービスの拡大と楽天経済圏（楽天エコシステム）

楽天トラベルで人気の商品が２００６年から導入されたダイナミックパッケージ「ＡＮＡ楽パック」である。ＡＮＡのフライト約９００便と宿泊施設約２０，０００軒を組合せ、自分の好みのフリープランを作ることができる。さらに、オプションでレンタカーとの組み合わせが可能だ。ポイントも楽天スーパーポイントとＡＮＡフライトマイルが貯まり、支払いもクレジットカード、現金（コンビニ決済）、楽天スーパーポイントから選ぶことができる。その後、ＪＡＬのフライトを使う「ＪＡＬ楽パック」も追加された。

また最近はインバウンドにも力を入れている。２０１４年７月には多言語化サイトの大幅なリニューアルを行い、英語、フランス語、中国繁体字、中国簡体字、タイ語、韓国語、インドネシア語のサイトとなった。２０２０年の東京オリンピック・パラリンピックに向けて訪日外国人旅行者を強化する方針だ。楽天では顕著な実績や高い顧客評価を得た施設に対して『楽天トラベルアワード』として表彰している。

楽天トラベルの強さは、楽天のグループシナジーを最大限に活かしていることにある。楽天グループの会員数は２０１８年３月現在12億人（国内９，５２０万人）

中国語繁体字、中国語簡体字
繁体字は、香港、台湾、マカオなどを中心に使用されている文字。簡体字は、中国本土、シンガポールを中心に使用されている文字。

である。台湾でも台湾楽天カードを発行しているように、グローバルに会員を集めている。日本へ旅行に行く人は、日本の商品にも興味を持つ場合が多く、楽天市場の顧客でもある。楽天の狙いは一国のＯＴＡではなく、グローバルＯＴＡにある。

楽天の企業理念は、「イノベーションを通じて、人々と社会をエンパワーメントする」で、エンパワーメントとは〝自立自走できるように支援すること〟である。楽天市場では出店者のための様々な支援サービスを行っている。旅行事業でもＩＴＣ（インターネットトラベルコンサルタント）が存在する。ＩＴＣは事業で得られたビッグデータを活用して宿泊施設をサポートし、旅行のトレンドや地域特性を基により多くの旅行者に宿泊してもらえるようにコンサルティングを行っている。楽天市場を中核に、トラベル、デジタルコンテンツ、通信などのインターネットサービス、クレジットカード、銀行、証券、保険、電子マネーなどのフィンテックサービス、プロスポーツといったサービスを有機的に結びつけることで、他にはない「楽天エコシステム（経済圏）」を形成していることが強みになっている。

ビッグデータ
一般に取り扱うことが困難な巨大かつ複雑な情報のこと。これを収集・保管・解析することで、ビジネスに使えるようにデータを可視化し活用することが行われている。

フィンテック
金融（Finance）と技術（Technology）を組み合わせた造語。ＩＣＴを使った革新的な技術で、モバイル決済や仮想通貨など様々なサービスが生み出されている。

■「ベストマッチング」の実現に向けビッグデータと最新テクノロジーを活用

楽天の国内ＥＣ流通総額は２０１７年で３兆４千億円、会員数も９，５２０万人以上と巨大である。そのため楽天は日本で最もデータを保有する企業の１つとなっている。このビッグデータを活用することで、楽天はユーザー像をより理解でき、最適なマッチングが可能になる。ユーザー側ではＡＩ技術によるマッチングで、できる限り自分の期待に沿った宿泊施設が画面に表れることになる。ミスマッチが減少し、宿泊施設にとって好んでくれる客が明確になる。またデータを分析して宿泊施設のマーケティングにも活用でき、宿泊施設が独自に設定できる「宿クーポン」にも活かされている。

グローバルカンパニーを目指す楽天は、海外顧客の獲得に注力している。ネット通販関連サイト「EBATES（イーベイツ）」や無料通話＆メッセージ「Viber（バイバー）」など世界で展開しているブランドを保有しており、これらグローバルの会員数は12億人を超える。それら会員はグローバル市場での潜在顧客で、彼らに向かって訪日旅行をＰＲすることが可能になる。日本の野球球団「東北楽天ゴールデンイーグルス」を持ったことで日本中に知られたように、２０１６年には世界トップレベルのプロサッカークラブ「ＦＣバルセロナ」とグローバルにおける

グローバルカンパニー
海外市場への進出に重きを置き、複数の国にまたがって事業を行う企業。従業員の国籍がさまざまに異なるなどグローバルな視点を持つ企業。

メインパートナー契約を締結することを発表し、世界規模での認知向上をはかっている。

インターネット中心の企業であるが、オフラインのコミュニケーションにも積極的で、楽天トラベルでは全国の宿泊施設が提供する朝ごはんから日本一を決定する「朝ごはんフェスティバル」を主催している。2010年から毎年行われていて、セカンドステージでは一般公募による実食も実施している。2016年は山形県鶴岡市の温海《あつみ》温泉・萬国屋「山形牛の旨味がたっぷり染み出た具だくさん芋煮汁」と「磯の香　吟醸茶漬け〜山形の恵みを添えて〜」が1位となった。朝ごはんに力を入れている宿泊施設が注目されるきっかけとなっている。

海外OTAが増加する中、実際に会ってITCがコンサルティングしてくれる楽天トラベルは、宿泊施設にとって頼もしい存在と言える。宿泊施設が利用者に伝えたい価値は様々だ。特に日本では施設ごとの「宿泊プラン」があり、シンプルな1泊朝食付ではないオリジナルなプランが多い。スマホの小さな画面でも、伝えたいことがきちんと伝わるようなプラットフォームを提供し、施設と共にプランを考えるという姿勢が楽天には根づいていて、それが海外OTAとの差別化に繋がっている。

オフライン
インターネットやネットワークなどに接続していない状態。インターネットやネットワークを使用しない活動。

楽天株式会社（Rakuten, Inc.）

本社所在地　東京都世田谷区玉川１丁目14番１号
設立年月日　１９９６年１月17日「ホテルの窓口」として営業開始
　　　　　　２００１年３月（楽天トラベルサイト設立）
従業員数　　１４，１３４名（グループ全体　２０１６年12月現在）

2 じゃらんnet
——旅行情報誌からOTAへ（2000）

じゃらんnetは、楽天トラベルと同様に宿泊予約、航空券予約ができるオンライン旅行総合サイトで、「株式会社リクルートライフスタイル」が運営している。リクルートは第3種旅行業として登録しているので観光庁の主要旅行業者に含まれないが、規模は楽天トラベルと同規模で日本を代表する2大OTAである。前身は、現在も発行されている旅行情報誌『じゃらん』である。2016年度の国内宿泊予約流通取扱額は8,558億円と大きい。予約すると2%のPontaポイントが付与され、じゃらんnetだけでなくホットペッパービューティーなどリクルートが展開するウェブサービスやローソンなどのPonta提携店舗でも利用できる。

■**雑誌スタイルからインターネットへ**

旅行情報誌の『じゃらん』は1984年創刊の海外旅行情報誌『エイビーロー

Pontaポイント　共通ポイントカードサービスの一つでTポイントに次ぐ規模。ローソン、昭和シェル石油、ゲオなど様々な会社が参加している。

ド』の国内旅行部分を分離して１９９０年に創刊された。『エイビーロード』はカウンターでの対面販売とパンフレットによる商品宣伝が当たり前であった海外旅行で、店舗を持たない旅行会社が直接メディアを通して販売でき、しかも多くの旅行商品を一冊で比較検討できるという画期的なものだった。

『じゃらん』も今まで旅行会社を通じて申し込まれていた旅館が、消費者に直接販売できるもので、カップルプランの宿など若年層が旅館に泊まるきっかけとなった。『じゃらん』の言葉の由来はインドネシア語の「jalan」で「道」「プロセス」を意味し、「jalan-jalan」で「旅行する」の意味がある。さらにＪＡＰＡＮの真ん中にL（レジャー）があるという意味を込めている。旅行情報誌としては「関東・東北じゃらん」「関西・中国・四国じゃらん」「東海じゃらん」「北海道じゃらん」「九州じゃらん」の5誌が現在発行されている。イメージキャラクターは猫の「にゃらん」が務め、ＣＭでも人気となっている。

じゃらんｎｅｔは、２０００年11月11日にサービスが開始された。大きな違いは、旅行情報誌は旅行情報や宿泊情報を元にした広告モデルで読者は旅行会社や宿に直接申し込むスタイルだったが、じゃらんｎｅｔでは予約による成約モデルになったことだ。そのため宿泊施設から受け取る費用も、広告費から予約による

成約モデル
掲載費用を最初にとるのではなく、利用者の予約などの成果が得られて初めて手数料が発生するというシステム。

成功報酬型に転換している。また、国内の宿泊予約以外にも高速バスのチケットの販売や「ＡＮＡじゃらんパック」および「ＪＡＬじゃらんパック」といったダイナミックパッケージの受託販売、国内線航空券・国際線航空券・海外ホテルの予約サイトの仲介を行っている。ＡＮＡやＪＡＬを利用したプランではマイルも貯まるように設定されている。

インターネットでの宿泊施設の選択で鍵となるのが掲載されている口コミである。じゃらんｎｅｔではチェックイン後60日以内に限定し、書き込んだ利用者に抽選でポイントを付与している。また、宿からの返信も奨励している。口コミは年間約69万件にのぼる。じゃらんｎｅｔの会員は宿泊料金の２％がポイント還元される。貯めたポイントはリクルートの他のサービスでも利用できるし、Ｐｏｎｔａ提携店舗でも利用できる。じゃらんｎｅｔの登録宿泊施設数は約２万７千軒で総予約泊数は９，６４４万人泊（２０１６年度）である。（じゃらんｎｅｔ最新データ集２０１７年１２月より）対応外国語言語は、英語、中国繁体字、中国簡体字、韓国語、タイ語、マレーシア語、インドネシア語となっている。

■旅行プロセス全体をサポートできる旅行情報サービスへ

じゃらんは、「需要にこたえる」「需要を創る」「地域を共に創る」の３つを基本方針にしている。単なる宿泊予約サービスから旅行全体のプロセスにかかる「旅行情報サービス」への進化を目指しているのだ。旅行者、宿泊施設、市場、地域のために「誘客・現地消費」「需要創出」「魅力開発」を行っている。

「地域を共に創る」では魅力開発のために、ビッグデータの活用によるマーケティングサポートの強化を挙げている。対象となる地域の旅行者の閲覧情報や行動情報、口コミデータをレポートにまとめ地域消費を上げるための新商品開発に活用してもらう。また、ＤＭＯとの提携強化では、地域資源を発掘するための調査から商品化までのプロセスをフォローできる体制を構築し、地域のマーケティングからコンテンツ開発、集客、現地消費までを一貫してサポートしている。またじゃらんのデータの他に飲食のホットペッパーグルメ等の情報も一括で提供し、地域の情報サイトの開設に役立ててもらっている。しかも、そのサイトで発生した「遊び・体験予約」に対しての利用料を支払い、ＤＭＯの自主財源に充てている。

「需要を創る」では特に若者の旅行需要喚起に注力している。若年層の行動支援プラットフォームとして「マジ☆部」を運営している。スキー＆スノボ、Ｊリー

DMO
Destination Management Organization の略称。地域と協同して観光まちづくりを行う法人のこと。

グ、ゴルフ、温泉、釣りの5つの分野があり、年齢限定で様々な感動体験が無料になる。2011年に始まった「雪マジ！」は、若者をスキー場に呼び込む需要喚起策として開始された。賛同する全国のスキー場リフト一日券を19歳に限定して無料とするキャンペーンで、2016〜2017シーズンではゲレンデ延べアクション数58・7万回、19歳の会員登録数17・8万人を記録した。20歳を対象にした「雪マジ！　20」も実施されている。

また、2015年から「遊び・体験予約」を始めている。これは着地型体験プランで、2017年の調査ではネット予約可能プラン数17，975件、ネット予約可能施設4，106件、ネット利用予約率67・7％と3点で業界1位を記録している。この「遊び・体験予約」は地域で開発しているサイトとも連携し、地域のコンテンツを広げる役割も果たしている。その他に、グルメ開発の推進などリクルートライフスタイルの領域をうまく組み合わせた需要創出を行っている。

「需要にこたえる」では、宿泊施設の業務支援と経営支援サービスに力を入れ、販売促進と生産性向上、収益性向上の3方向からサポートする。「トリップＡＩコンシェルジュ」「ホームページダイレクトサービスプラス」「レベニューアシスタント」の3つが新サービスとして追加される。また経営支援としては、リクルー

着地型体験プラン
旅行者を受け入れる地域で作られる体験プランのこと。現地集合、現地解散となる。

トグループ内のリクルートファイナンスパートナーズが「じゃらん」参画の宿泊施設に融資をスタートする。総合情報提供サービスの「Ｐａｒｔｎｅｒｓクラブ」とオンライン融資サービス「Ｐａｒｔｎｅｒｓローン」である。「Ｐａｒｔｎｅｒｓクラブ」では旅行業界特化版のメールマガジンを創刊し、経営課題の解決に役立ててもらう。「Ｐａｒｔｎｅｒｓローン」は、リクルートが保有するビッグデータ解析やＡＩの活用で与信モデルを構築した独自の融資サービスで、タイムリーな資金提供が可能となる。

■リクルートのＤＮＡ

リクルートグループの売上高は１兆８，４００億円（２０１６年度、連結）と大きい。始まりは江副浩正が東京大学の学生新聞である「東京大学新聞」の広告代理店「大学新聞広告社」として１９６０年に創業したことにさかのぼる。１９６３年に株式会社日本リクルートセンターに社名変更した。主に大学生に対する企業の採用広告を扱っていたが、１９８０年に女性の就職・転職希望者を対象とする求人情報誌『とらばーゆ』を創刊し、「とらばーゆ」自体が流行語となる。１９８２年にはアルバイト情報誌『フロム・エー』を創刊、「フリーター（フリー

江副 浩正
（えぞえ ひろまさ）
１９３６年－２０１３年。愛媛県越智郡波方村（現在の今治市）に生まれる。株式会社リクルートの創業者。

とらばーゆ
トラバーユは、仕事、職業のフランス語。女性用求人情報誌の名称から、主に女性が転職することを指すようになった。

ランス・アルバイター)」という言葉が生まれるきっかけとなる。
1988年のリクルート事件後、不動産事業や金融事業の子会社の不良資産が顕在化し、1992年にダイエー(現在のイオン)グループとなるが、ダイエー側は「もの言わぬ株主」に徹し、リクルートの自由な社風は保たれた。2000年にはダイエーグループの業績悪化などによりグループを離脱している。

リクルートの強さは、自由に事業を起こすことができる社風にある。社内では、社員全員が参加できる新事業コンペがあり、多くの事業がインキュベートされた。主なものを挙げると、中古車情報誌『カーセンサー』、結婚情報誌『ゼクシィ』、『ホットペッパー』の前身となる生活情報誌『生活情報360°』、小中高校生向けのオンライン学習サービス『スタディサプリ』など多分野にわたっている。

現在多くの企業が新規の事業開発コンテストを採用しているが、リクルートはその中でも群を抜いて成功事例が多く、規模も大きい。リクルートグループの経営理念を確認すると、ミッション(目指す姿)として「私たちは、新しい価値の創造を通じ、社会からの期待に答え、一人ひとりが輝く豊かな世界の実現を目指す。」とある。また、3つのウェイ(大切にする考え方)では、新しい価値の創造として「私たちは、絶えず変化する時代を先取りして果敢に挑戦していくこと

もの言わぬ株主
個人株主や法人株主など、会社の経営方針に対して、あまり口をはさまない株主、投資家のこと。

で新しい価値を生み出し社会からの大きな期待に応える。」、社会への貢献として「私たちは、持続可能な豊かな世界を目指し、全ての企業活動を通じて社会に貢献する。」、個の尊重として「私たちは、個人の存在を尊重する。従業員一人ひとりの意思と可能性に期待しお互いを尊重し合い、その持てるエネルギーが最大限発揮されるよう支援する。」とされている。リクルートでは、「おまえはどうしたい？」が常に上司から投げかけられ、当事者意識と起業家精神が育まれていく。

■地域を支えるＯＴＡ

インターネットの特徴は、全てを結びつけることにある。じゃらんもじゃらんｎｅｔが加わることで、ローカル誌の情報を組み込み、ポイントもリクルートの各事業会社が運営する他領域のウェブサービスやＰｏｎｔａ提携店舗でも利用できるようになった。また、宿泊施設を中心に多くの観光関連施設とユーザー双方へのチャネルとなり、ベストマッチングを生み出すことで双方の満足度を高めることができた。

結びつける力は宿泊施設だけでなく、地域への誘客にもつながっている。「遊び・体験予約」というアクティビティの予約サービスは地域のサイトと連動することで、地域全体の経済効果を高めている。地域貢献でも、２０１６年の熊本地震で作られた「九州ふっこう割」でじゃらんは予約数約33万件、総予約額は約94億円あり、復興に貢献している。

リクルートライフスタイルでは、それぞれの地域に営業スタッフを配置することで、地域の魅力をいかに高めていくかということを、じゃらんリサーチセンターと連携しながら進めている。地域と連携することが外資系ＯＴＡとの差別化にもなっているのだ。

株式会社リクルートライフスタイル（RECRUIT LIFESTYLE CO., LTD.）

本社所在地　東京都千代田区丸の内１丁目９番２号
設立年月日　２０１２年10月１日
　　　　　　２０００年11月（じゃらんｎｅｔ サイト設立）
従業員数　　３,３１３名（２０１８年４月現在）

九州ふっこう割
２０１７年に実施された、九州の旅行商品を割引価格で購入でき、九州を応援できる観光復興のための制度。観光客回復対策として「九州観光支援のための割引付旅行プラン助成制度」を政府が創設。

X　黒船の上陸

国連世界観光機関（ＵＮＷＴＯ）によると、２０１６年の海外旅行者数（一泊以上の国際観光客到着数）は12億３，５００万人で7年連続のプラス成長であった。地域別でみると、２０１６年の成長を牽引したのはアジア太平洋地区で、海外旅行者数は前年比８％増で３億３００万人に達した。地域内、域外から多くの旅行需要があった。国際観光収入は前年比２・６％増の１兆2，２００億米ドル（約１３４兆2，０００億円）となった。（「ツーリズム・ハイライト２０１７（ＵＮＷＴＯ）」より）

２０１７年は、国連が定める「International Year of Sustainable Tourism for Development（持続可能な国際観光年）」である。ＵＮＷＴＯは「安全・保安面の問題が懸念される昨今だが、ツーリズムは非常に力強い動きとなった。海外旅

国連世界観光機関（ＵＮＷＴＯ）
スペインのマドリードに本部を置く、観光に関する国際連合の専門機関。各国の観光政策への支援などを行っている。加盟国は１５７ヶ国、加盟地域６地域。（２０１６年現在）

行の拡大は、世界各地における雇用創出と地域社会の幸せにつながる」とコメントしている。（「トラベルボイス」より）予測通り2017年も成長が続いている。特にアジア地区の旅行需要は堅調で、世界経済の動向と同じく、世界の旅行業を牽引する中心はアジアに移りつつある。

しかし、世界はインターネット時代となり、旅行業において国境が無くなろうとしている。実際、世界の旅行取扱額ランキングをみると、1、2位は圧倒的な強さで世界規模のOTAが並んでいる。エクスペディア・グループ（米）とブッキングドットコムやアゴダなどを傘下に持つブッキング・ホールディングス（米）である。中国のシートリップも伸長著しい。これらOTAには国境がない。

ワールドワイドで旅行事業を展開する歴史ある総合旅行会社、トーマス・クック（英）やアメリカン・エキスプレス（米）、巨大レジャー企業でもあるTUI（独）も日本の旅行業に大きな影響を与えてきたものの、日本国内では日本の旅行会社がその市場を守ってきた。しかし、巨大OTAは、世界を、アジアを席巻し、そして日本市場にも驚異的な勢いで浸透し始めている。

また、並行してOTAや旅行会社のインターネットサイトでオンライン販売される同内容の旅行商品を企業の枠を横断して旅行者に提示する「メタサーチサイト」の存在感が高まっている。国内企業も健闘しているが、トリップアドバイザー（米）

メタサーチサイト
複数のサーチ（検索）エンジンを用いて検索を横断的にかける検索システムのこと。一覧で金額や口コミを比較、確認できる。

がその代表的企業として君臨している。世界規模のOTAもメタサーチも、日本の旅行業界にとってはまさに黒船の襲来であった。

さらに、「シェアリング・エコノミー」の登場である。シェアリング・エコノミーとは、物・サービス・場所などを、多くの人と共有・交換して利用する社会的な仕組みのことで、個人が保有する有形無形の遊休資産の貸出しを仲介するサービスである。シェアリング・エコノミーはシリコンバレーを起点にグローバルに急成長し、瞬く間に観光の世界に革命を起こし、拡大を続けている。その草分けと言われるのが、2008年に開始された「Airbnb（エアビーアンドビー）」（米）だ。同サービスは、個人所有の住居の空き部屋等を他人に貸し出すインターネット上のサービスとして成長し、旅行会社の概念を変えた。「ライドシェアリング」と呼ばれる、「Uber（ウーバー）」（米）や「Lyft（リフト）」（米）等の自家用車を利用した配車サービスも世界の多くの旅行者が利用しはじめている。

シェアリング・エコノミー
ソーシャルメディアを活用して、様々なシェアリングサービスが登場している。シェアエコノミー、シェアエコ、共有型経済とも呼ばれる。

シリコンバレー
米カリフォルニア州サンフランシスコ南東からサンノゼを結ぶ地域の通称。世界的なIT企業、半導体企業、研究機関が集中している。

1 エクスペディア（1996）

——世界を席巻するOTA

エクスペディアはアメリカのワシントン州に本拠地を置き、ホテル・航空券等の旅行に関する予約ができるオンライン旅行総合サイトを運営するOTAである。世界各地で事業を運営するグループ企業を統括しており、取扱額は世界1位である。日本では2006年11月に日本語対応サービスを開始した。大規模な買収で一気にグローバル企業となり、同業のブッキングドットコムを傘下に持つブッキング・ホールディングスと激しく1位の座を争っている。

■マイクロソフトからの分離と大型買収で事業拡大

エクスペディアの創業の歴史は、1996年マイクロソフトの旅行予約システム部門としての設立が始まりとなる。マイクロソフトで開発に従事していたリッチ・バートンがビル・ゲイツやスティーブ・バルマーに提案し、承認された。Expediaの名前の由来は、exploration（探検）とspeed（スピード）の合成語である。１９９９年11月マイクロソフトから独立する。

２０００年代以降、カナダ、イギリスなどにウェブサイトを開設し、ホテルズドットコム、トリップアドバイザー（２０１１年に独立）などの子会社を傘下に置く。また、ホテル予約のメタサーチ会社トリバゴを買収し規模を拡大させる。その後も買収は積極的に行われ、２０１５年にはホテル・航空券予約では世界初のＯＴＡであるトラベロシティやオービッツ、バケーションレンタルのホームアウェイを買収する。

アジアでは、エクスペディアとマレーシアのＬＣＣ会社エアアジアが合弁し、「AAE Travel Pte, Ltd.（エアアジア エクスペディア）」を２０１１年にシンガポールで設立した。２０１２年には、日本におけるマーケティング機能のさらなる強化のため「ＡＡＥジャパン」を設立させた。また日本のインバウンド需要増加にともない、東京・大阪以外にも名古屋・福岡・札幌・那覇に営業拠点を構え、ホテルの仕入れを強化している。２０１７年にはインドネシア拠点のＯＴＡ「トラベロカ」に出資し、ホテルの取扱いを拡充させる。２０１６年の世界総予約額は約８兆円（７２４億３，２００万米ドル）、日本では約１，１００億円（10億米ドル）にのぼる。

バケーションレンタル
コンドミニアム、アパルトマン、ビーチハウス、ビラなど、オーナーが使用しない期間、物件を第三者へ貸出するレンタルサービスのこと。民泊と同義語で使われることもある。

■規模と同時にローカライズを重視する独自戦略

エクスペディアは日本では仕入れと販売に分社化している。エクスペディアは各種のブランドを有しているが、宿泊施設の仕入れはエクスペディアホールディングスが一括して行っている。仕入れた施設は、エクスペディア・グループのブランド（75ヶ国35言語、200以上の予約サイト）で販売される。日本の宿泊施設は国内旅行とインバウンドの両面で販売される。日本は世界的に見て非常に人気のあるデスティネーションで、日本の仕入れ体制を強化している。

エクスペディアホールディングスが特に販売強化しているのが旅館である。全国旅館ホテル生活衛生同業組合連合会（全旅連）にヒアリングを重ねた結果、旅館のスターレイティングをホテルの基準とは別のものに変更した。従来の基準では、高級旅館でも低い評価になっていたため、食事、歴史的重要性、温泉などの評価軸を加えた。1泊2食付きについても6ヶ月の販売実験を行い、2食付き、朝食のみ、素泊まりにわけて3種類のプランを販売したところ、2食付きだと3割しかインバウンドの対象にならないが、朝食のみを加えると6割まで対象が広がることを明らかにして、情報をフィードバックしている。

また、日本の旅館の販売手法を他の国のサイトの改善に役立てた事例もある。

スターレイティング
ホテルの星付け、格付け評価のこと。エクスペディアには独自の基準によるレイティングがある。

エクスペディア・グループでは、これまで食事をビジュアルとしてクローズアップしてこなかったが、食事のサービスを柱とする旅館が「食事の写真の有無によって、予約成約率やコンバージョンが上がる」ことがわかり、韓国のパンションなどでも食事の紹介を取り上げるようになったという。

■日本の自治体やＤＭＯとの連携を強化

エクスペディアでは、自治体や地域のＤＭＯとの関係づくりにも力を入れている。グローバルＯＴＡのためインバウンドに関するビッグデータは極めて多い。そのようなデータを各地域にも提供することで、ゴールデンルート以外の地域活性化にも繋げたいと考えている。日本は訪日外国人旅行者を４，０００万人にする目標を掲げている。そのためにはリピーターが重要で、定番の東京・京都・大阪といった都市だけでなく、北海道から沖縄まで日本全国の地域に観光客を誘導することが必要になる。オンラインで情報を世界に発信し、世界各地から日本の各地の宿泊施設に観光客を送ることでゴールデンルートへの集中を緩和し、それがリピーターの増加につながっていく。

自治体の方からも２０１７年９月に京都市がエクスペディア・グループと地域

コンバージョン
ウェブサイト上で獲得できる最終的な成果のこと。

パンション
民宿のこと。朝食と夕食の二食付きが一般的。日本では、「ペンション」と呼ばれている。

ゴールデンルート
東京から入国し、東京および東京周辺の観光スポットを巡ってから、箱根、富士山、名古屋を経由し京都観光を楽しみ、大阪の街を観光し帰国するというルートで、初めて訪日するアジアの国々の旅行者、特に中国人旅行者に人気の定番観光ルートのこと。

活性化包括連携協定を締結している。提携内容は5つで、①エクスペディアはグループの複数のサイトに京都特集を新設し、外国人観光客にまだ知られていない京都の魅力を発信することで、混雑の分散化を進めていく。②京都市は、エクスペディアが持つ各種データを共有することで、リアルタイムの市場動向をマーケティングに活かしていく。③エクスペディアは、旅館・ホテル向けにデータを活用したレベニューマネジメントなどの講習会や各地の成功事例を紹介するセミナーを実施することで、京都市内の宿泊施設の魅力向上に貢献していく。④京都らしい滞在が可能なホテルをエクスペディアのネットワークを通じて世界に発信していくことで、京都ブランドの向上を図る。⑤京都市のインバウンド観光サイト「Kyoto Official Travel Guide」にエクスペディア・グループのオンライン予約サイトの一つ「Hotels.com」の検索予約機能を設置する。としている。京都文化交流コンベンションビューローもこの連携に伴い、外国人旅行者向けオフィシャルサイトをリニューアルした。

■選ばれるOTAとしての取組み

エクスペディアが大事にしていることが「選ばれるOTAになる」ということ

コンベンションビューロー
自治体や民間企業が中心となり、国内外から旅行者や国際会議を始めとしたMICEを誘致する組織。

だ。これは利用者だけでなく、宿泊施設側もどのOTAと組むのかを選ぶ時代になるとしている。エクスペディア・グループには、宿泊施設向け予約管理システムの機能の一つにレベニューマネジメントを支援する「REV+（レブプラス）」という客室の販売単価をどう設定すればよいかを助言するツールがある。365日先まで自社と競合宿泊施設の最低料金を比較できる「料金カレンダー」など4つの機能があり、他施設の動向などを分析して自動的に販売価格を推薦するものだ。エクスペディア・グループではこのような支援を含む技術開発に、2016年は約1，320億円（12億米ドル）と積極的に投資している。また、エクスペディアの場合は大多数が現地払いではなく事前払いなのでノーショーが発生しても宿泊施設の被害は少ないことも施設にとって魅力である。

ＯＴＡにとってサイトの使いやすさは数あるサイトの中で選ばれるための重要な要素である。アジアで初めてシンガポールに開設されたエクスペディア・イノベーション・ラボではサイト利用者のユーザビリティを科学的に検証している。旅行検索中や予約中の利用者動向を読み取ることで利用者のニーズに合ったサイトに改善していく。アジアでの開設は欧米とは違うアジアでの利用者を科学的に検証していこうという試みだ。

外資系ＯＴＡはインバウンドが中心と思われるが、日本の国内市場にも積極的に注力している。２０１０年より日本版オリジナルキャラクター「エクスベア」を設定しブランディングを実施している。２０１１年には日本でもダイナミックパッケージの販売を開始した。２０１３年にはＪＴＢとの包括業務提携を結び、エクスペディアのサイトから、るるぶトラベル取扱いの旅館が予約できるようになった。

日本での宣伝では、「航空券とホテルを一緒に予約で、ホテル代が最大全額ＯＦＦ！」のキャッチフレーズでテレビＣＭを展開している。２０１７年にはＪＲ東日本・山手線の新型車両を使った広告ジャックトレイン「世界旅行電車」を運行した。

■世界一のＯＴＡが目指す未来の旅行

旅行のデジタル化が進むことで宿泊施設のウェブ予約と決済が当たり前となり、航空会社のチケットがｅチケットになる中で、残された大きな市場が鉄道である。２０１７年に世界のＯＴＡや旅行会社に鉄道予約・販売のプラットフォームを提供するシルバーレイル社がエクスペディア・グループの傘下に加わった。その技

広告ジャックトレイン
1編成の車内すべての広告面を1社独占すること。企業のイメージアップなどに活用される。中吊り広告、額面広告、窓上ディスプレーなどが1社で使用される。

術を活かして、英国ロンドンからバーミンガムへ走る鉄道会社チルターン・レイルウェイズでは「切符のいらない自由な旅」を始めた。
　これは携帯電話を使ったチケットレス化の実証実験で、モバイルを使った電子チケットで列車に乗ることができる。エクスペディアのキャメロン・ジョーンズCOOは、鉄道ネットワークが移動の基本となる日本で、インバウンド需要を地方へ波及させるには、鉄道の旅をチケットレス化し外国人旅行者のストレスを軽減させることが重要だとしている。訪日外国人が利用するジャパン・レール・パスも自国で購入した引換証を窓口で並んでパスに交換する必要があり、決して使いやすいとは言えない。鉄道大国の日本ではチケットレス化は取り組まなければならない課題と言える。
　技術面で注目されているのがＡＩ・チャットボットである。チャットボットとは、人工知能を活用した「自動会話プログラム」のことである。米エクスペディアでは、アマゾンが提供するＡＩ搭載の音声アシスタント「Alexa（アレクサ）」を使ったサービスを開始している。日本でも「アマゾンエコー」の発売に合わせ、ＪＴＢやじゃらん、ＡＮＡがサービスを始めた。ＯＴＡは単にインターネットで予約できるということではなく、旅行業にイノベーションを持ち込む原動力

チケットレス化　紙のきっぷを無くすこと。利用者が所有しているＩＣカードやスマートフォン、タブレットなどを組み合わせて、チケットとして利用すること。

ジャパン・レール・パス　訪日外国人旅行を対象に、ＪＲグループ各社が発行するＪＲ各社の鉄道・路線バスが乗り降り自由で利用できる特別企画乗車券のこと。なお、２０１７年３月から国内の一部の駅でも買えるようになった。

イノベーション　これまでにない新しいアイデアや組み合わせから社会的に意義のある新たな価値を生み出し、社会に変革をもたらすこと。

になっている。エクスペディアは、世界の旅行業界におけるテクノロジー・リーダーとして提携する宿泊施設や観光団体とパートナーシップを組み、新しい時代の観光を積極的に推進している。

エクスペディア（Expedia, Inc.）

本社所在地　Northeast Avenue 108th 333, ベルビュー ワシントン州
　　　　　　アメリカ
設立年月日　１９９６年10月
従業員数　２０，０００人以上

2 Airbnb（2008）
──旅行会社の脅威シェアリング・エコノミーの嚆矢

エアビーアンドビー（Airbnb）は、世界最大規模の民泊を予約できるサイトを運営するコミュニティ主導型ホスピタリティカンパニーである。世界191ヶ国・地域8万1千以上の都市で450万の物件、延べ3億人以上のゲストがいる。2016年11月にロサンゼルスで開催されたホストを招待してのカンファレンスでは民泊だけでなく、ローカルガイドによる体験など旅行のプラットフォームとして事業を拡大すると発表した。

■サンフランシスコのロフトで事業を立ち上げる

エアビーアンドビーの主な顧客は宿泊施設・民宿を貸し出すホストである。2008年8月に現CEOのブライアン・チェスキー、ジョー・ゲビア、ネイサン・ブレチャージクの3人を共同創業者としてサンフランシスコで設立された。当初は、エアベッド&ブレックファーストという会社名で、アメリカ国内の大きな学

ホスピタリティカンパニー　相手を幸福にするために自己の最善を尽くすというホスピタリティの考え方を企業理念・行動指針としている企業。

会や会議がある際に、開催都市のホテルが不足して価格が高騰するため、ホテルを確保できない参加者に周辺に住んでいる人の居間などを貸し出していた。社名の元は泊まるためのエアマットレスと簡単な朝食をホストが提供することからつけられている。資金集めのためにともに美術大学出身のチェスキーとゲビアは、オバマとマケインが対抗する大統領選に合わせてオバマ・オーとキャプテン・マケインという名のシリアルを販売していた。

転機は、起業家支援とベンチャーキャピタルを行うインキュベーターであるYコンビネーターのポール・グレアムとの出会いだった。グレアムはチェスキーらに利用人数を聞き、約100人しかいないことに対して「何となく好きになってくれる100万人より、熱烈に愛してくれる100人のファンのほうがはるかにいい」と助言する。また、「顧客（ホスト）がニューヨークにいるなら、シリコンバレーにではなくユーザーのところに行け！」と言った。チェスキーらはニューヨークでホストと会い、ホストが宿泊料をどのくらいに設定したらいいか迷っていたり、サイトに掲載する部屋の写真がうまくいかないことを知り、自分がカメラマンとして撮影した。事業はその後、急激に拡大していく。

2009年3月にサイト名をエアビーアンドビーに短縮する。週に100ドル

ベンチャーキャピタル
将来成長率が高いと思われる未上場企業に投資し、ファンドの運用益を収入源とする投資会社。経営指導を行うケースも多い。

インキュベーター
新しく生まれた企業を育成する機関。原義は孵卵器。

だった売上は8月までに1万ドルになり、サイトでの1週間の取引額は10万ドルに達する。ゲビアのアパートを事務所にしていたが社員が増え、チェスキーはオフィススペースを空けるためと自分たちのプロダクトを確認するために、1年間もエアビーアンドビーの生活を続けることになる。

■何故エアビーアンドビーは成功したのか

民泊予約を中心としたサイトは、ホームアウェイ、ＶＲＢＯ、カウチサーフィンなどが先に始めている。なぜエアビーアンドビーが最も成功したのか。１つはチェスキーとゲビアが美大出身ということもあるが、ユーザーがどう快適にサイトを使えるかというユーザーエクスペリエンスにとてもこだわったことにある。なめらかに動くこと、簡単に使えること、掲載物件が美しく見えること、必ず3クリック以内で予約が完了することである。投資家は彼らがＩＴの知識の少ない美大出身者であることを懸念したが、デザインは彼らの最も有効な武器になった。

２０１０年10月には７２０万ドルの投資を得、70万泊の予約の80％が過去6ヶ月以内のものであることが発表される。２０１１年2月には１００万の物件が予約され、利益も急角度で増加していく。２０１２年1月には創業以来５００万泊

ユーザーエクスペリエンス　製品やサービスを使用することで得られるユーザー体験のこと。使いやすさだけでなく、使って楽しいや心地よいという概念がある。

の予約を、同年6月には1，000万泊の予約を世界で達成している。

成功のもう1つの要因が海外進出である。特にヨーロッパでいかにホストの拡大を図るかが重要であった。2011年5月にはドイツで同様のサイトを運営していたアコレオを買収、ハンブルクにインターナショナル・オフィスを設置する。ロンドンやパリ、ミラノ、バルセロナ、コペンハーゲン、モスクワなどでも事務所を開設する。特にロンドンは2012年のオリンピックに先立ち、同様のサイト運営会社クラッシュパダーを買収して物件数を増やした。南米のサンパウロやオーストラリアのシドニー、アジアのシンガポールにもオフィスを構え、2013年9月には欧州本社をアイルランドのダブリンに設置することを発表している。世界中にホストを確保することで、ゲストはアメリカ本土以外が75%となった。2013年には600万人の新しいゲストが増加している。

■暮らすように旅をすること

エアビーアンドビーが短期的な収益以上に大切にしたのが企業のミッションである。世界各地のユーザーにフォーカスグループインタビューをすることで「暮らすように旅をすること」というミッション・ステートメントが作られ、企業の

フォーカスグループインタビュー
定性調査による資料収集方法の一つ。特定の目的に対する情報を収集するために集められた対象のグループに、面接形式でインタビューを行うもの。

公式スローガンとなる。2014年7月には新しいロゴマーク、ブランドが発表され、それに合わせてウェブサイトと携帯アプリのデザインが一新された。

このコンセプトは特にミレニアル世代の心をつかんだ。単に様々な国や地域に泊まれる物件があるということではなく、お城やモンゴルのパオといったユニークな施設、普段観光旅行者が泊まることの無い裏路地の家も指している。ゲストはそこでホストと会わなくても、ホストが普段感じている生活を追体験することができる。画一的なホテルにはない新しい体験がそこにはあった。

エアビーアンドビーが他のシェアリング・エコノミーの会社と違うのは、経済だけを優先しないことだ。それはホストの行動にもつながっている。単に宿泊するのではなく、いい体験ができるかどうかを重視する。そのためにはホストが「おもてなし」の気持ちを持っている必要がある。例えばふかふかのきれいな枕、小さなウェルカムカード、人と人のつながりを些細なことでも感じられるかということがゲストの印象を左右し、いいレビューにもつながっていく。評判のいいホストは検索ではスーパーホストとして上位に掲載されるし、逆に問題のあるホストは下位や掲載不可になる。

ミレニアル世代
アメリカにおいて、2000年代に成人あるいは社会人になる世代。インターネットが普及した環境で育った最初の世代。

レビュー
評論、批評、口コミ評価のこと。

■試練を乗り越えて成長するエアビーアンドビー

見ず知らずのホストが持つ家に、見ず知らずのゲストが泊まる。当初どの投資家もリスクがあると考え二の足を踏んだのがこの点だ。創業して3年目の2011年6月に最初の大きな事件が起こる。EJというホストがエアビーアンドビーのゲストに彼女の部屋をめちゃくちゃに荒らされたということをブログに書き込んだ。エアビーアンドビーは予約の支払いが終わるまで、個人情報のやり取りを厳しく制限している。ホストはゲストについてはエアビーアンドビーの身元確認を信用するしかない。その後エアビーアンドビーでは顧客サポートを倍増し、24時間のホットライン、5万ドルの補償費を提供することを発表している。

次に起こったのが人種差別の問題だ。今度は白人ホストが黒人女性の予約を断っただけでなく、差別用語を使い女性にメールを送っていた。チェスキーは「エアビーアンドビーの中に、人種差別と偏見の居場所はない。このホストを永久に追放する」とツイートを発信している。対応策として、ユーザーの顔写真よりもレビューに注目が集まるようにする。承認プロセスなく予約のできる「今すぐ予約」の拡大などがなされた。

2010年にニューヨークで始まった本格的な民泊規制は、その後全世界に波及していく。これは短期の民泊を規制するものだったが、他の都市でも自治体ごとの様々な規制と戦うことになる。特に事業の中核地域ともいえるニューヨークとサンフランシスコでは政治家、ホテル業界、不動産業界が大きな壁となって立ちふさがった。エアビーアンドビーは控訴し、裁判に訴える。彼らがここから学んだことは、戦うのではなく先に自治体と話し合い、お互いが協力し合う形で物事を進めていくということだった。宿泊税の徴収やシカゴでは宿泊料から4％の税金を徴収しホームレスへのサービスとして使われている。

■新しいサービスを拡大し、総合旅行プラットフォームへ

エアビーアンドビーが拡大するにつれて、鍵の受け渡しやホストのコンサル会社など周辺のサービス会社が増加した。エアビーアンドビー自身も出張管理サービス会社と提携し、法人ビジネスを開始している。出張での民泊は違和感があるように思えるが、ミレニアル世代が会社員になると、普段エアビーアンドビーを利用している彼らにとっては当たり前のようだ。ホストも身元がはっきりしていて、一定以上の価格で宿泊してくれるビジネスマンは歓迎できるゲストと言える。

エアビーアンドビーが行ってきたことは、明らかなイノベーションである。イ

宿泊税
宿泊者または宿泊施設を運営する事業者に対して課される税金。世界各地域で実施され、日本では東京都、大阪府が実施している。宿泊施設等が宿泊者から徴収し各自治体に一括納入される。

ノベーションは従来の業界システムを破壊する。アマゾンが流通業界を破壊し、アップルが携帯市場を一変させたように、エアビーアンドビーも今度は旅行業界に変革をもたらそうとしている。

２０１６年11月にロサンゼルスで行われたカンファレンス、エアビーアンドビー・オープンで、その変革内容が発表された。それは「トリップ」という総合旅行プラットフォームで、「体験（エクスペリエンス）」を大きな柱にしている。

■日本での展開とユニークな施設の提供

日本では２０１４年5月に日本法人「エアビーアンドビー・ジャパン」が設立されている。日本でも旅館やホテル業界の反対にあい、民泊規制やマンションでの外国人旅行者のマナーに対する苦情がよくニュースに取り上げられている。日本法人は２０１７年4月に「日本における短期賃貸に関する活動レポート」を発表している。それによるとエアビーアンドビーを利用した訪日外国人は２０１６年で前年比約4割増の約４００万人に達し、ホストとゲストが経済活動により創出した利益は4，０６１億円であり、その経済効果は9，２００億円（84億ドル）に及ぶと推計される。２０２０年の宿泊不足が懸念されているが、エアビーアン

民泊規制
日本においては、訪日外国人旅行者が急増する中、多様化する宿泊ニーズに対応して普及が進む民泊サービスについて、一定のルールを定めた法律である民泊新法（住宅宿泊事業法）が、２０１８年6月に施行される。

ドビーはリオデジャネイロのオリンピックで代替宿泊施設公式サプライヤーにもなっており、その動向が注目されている。

日本の中でのユニークな施設も話題を呼んでいる。奈良県吉野郡吉野町とコラボレーションし、2017年1月から宿泊予約を開始したコミュニティハウス「吉野杉の家」である。この施設は、エアビーアンドビーの社内デザインスタジオ「サマラ」が企画し、吉野町とともに作り上げたもので吉野杉を使い、吉野川沿いの立地に馴染むようデザインされている。建物は2階建てで、1階は居住スペースとコミュニティセンターが一緒になった場所で、開放的なリビングは地元の人たちの集まりにも活用されている。宿泊する外国人旅行者と町の人がふれあい、町の人がローカルガイドとして旅行者を案内することもあるようだ。「居心地のいい居場所」が、エアビーアンドビーによって世界中に広がっていく。

エアビーアンドビー　(Airbnb, Inc.)

本社所在地　888 Brannan Street, サンフランシスコ カリフォルニア州 アメリカ

設立年月日　2008年8月

旅行会社設立年表

西暦	設立旅行会社	観光の主な出来事
1841	トーマス・クック社（英国）	（天保年間）
1850	アメリカン・エキスプレス社（米国）	韮山反射炉完成
1893	喜賓会	御木本幸吉真珠養殖成功
1905	日本旅行会	日露戦争
1912	ジャパン・ツーリスト・ビューロー	タイタニック号沈没
1945	日本交通公社（旅行業再開）	終戦
1947	近畿交通社（KNT前身）	日本国憲法施行
1948	阪急交通社	国鉄戦後初白紙ダイヤ改正
1949	日本旅行会（旅行業再開）、 全日本観光（東武トップツアーズ前身）	国鉄特急列車運行再開 湯川秀樹ノーベル物理学賞受賞
1950	日本ツーリスト（KNT前身）、東日観光、南海国際旅行	帝国ホテル政府登録第1号
1951		日本航空設立
1952		羽田一部返還、東京国際空港に改名
1953	京王観光	国際観光旅館連盟認可
1954	近畿日本航空観光（KNT前身）、西鉄旅行	青函連絡船洞爺丸転覆
1955	近畿日本ツーリスト	運輸省観光部、観光局に昇格
1956	東急観光（東武トップツアーズ前身）	国民宿舎設置開始
1957		さっぽろテレビ塔開業
1958	沖縄ツーリスト	関門国道トンネル開通、東京タワー完工
1959	京成トラベルサービス、PTS	日本観光協会新発足
1960	エムオーツーリスト、エヌオーイー	浅草寺雷門再建
1961	名鉄観光サービス、菱和ダイヤモンド航空サービス	運輸省初の観光白書

旅行会社設立年表

1962	読売旅行	北陸本線北陸トンネル開通
1963	タビックスジャパン、トラベル日本	観光基本法公布
1964	ビッグホリデー	海外観光旅行自由化、東海道新幹線営業開始、東京五輪開催
1965		日本航空「ジャルパック」発売、名神高速道路全通
1966		観光渡航回数制限撤廃
1967	ミキ・ツーリスト、日立トラベルビューロー	国際観光元年
1968		小笠原諸島の日本復帰
1969	旅行開発（ジャルパック前身）、世界旅行（ジェットツアー倒産）	国鉄グリーン車制導入、東名高速道路全通
1970	西武トラベル	「日本万国博覧会」大阪で開催、日本航空ジャンボジェット機就航
1971	東武トラベル（東武トップツアーズ前身）、ワールド航空サービス、イオンコンパス	旅行業法公布、東京銀座マクドナルド1号店開店
1972		札幌五輪冬季大会開催、山陽新幹線営業開始、沖縄返還
1973	トヨタツーリストインターナショナル	円変動相場制に移行
1974		日中航空協定署名
1975	日新航空サービス	「沖縄国際海洋博覧会」開催
1976	ニッコウトラベル、小田急トラベル	超音速旅客機コンコルド定期運航開始
1977		第1回「日本・国際観光会議」（JATAコングレス）東京開催
1978		新東京国際空港（成田）開港
1979	道祖神、DeNAトラベル	本州四国連絡橋の第1号大三島橋開通
1980	エイチ・アイ・エス	イラン・イラク戦争勃発
1981		神戸ポートアイランド博

西暦	設立旅行会社	観光の主な出来事
1982	IACEトラベル	旅行業法改正、東北・上越新幹線営業開始
1983		「東京ディズニーランド」開業
1984	フジ・トラベル・サービス	ロサンゼルスオリンピック開催
1985	JAL JTAセールス	「国際科学技術博覧会」筑波で開催
1986	ヤマハトラベルサービス	国際観光モデル地区制度開始
1987		国鉄分割民営化、「テン・ミリオン計画」策定、 日本航空民営化
1988		青函トンネル開通、瀬戸大橋開通
1989	ジェイアール東海ツアーズ、農協観光	職場旅行3泊4日まで非課税扱い
1990		「国際花博」大阪で開催、海外旅行者年間1,000万人超
1991	風の旅行社	観光交流拡大計画策定
1992		「ハウステンボス」（長崎）開業、山形新幹線開業
1993	クラブツーリズム	「屋久島」「白神山地」「姫路城」「法隆寺」世界遺産登録
1994	郵船トラベル、旅工房	関西国際空港開港、「古都京都」世界遺産登録
1995		「阪神・淡路大震災」発生、旅フェア初開催
1996	旅の窓口（楽天トラベル前身）、 エクスペディア（米国）	「ウェルカムプラン21」発表、 「原爆ドーム」「厳島神社」世界遺産登録
1997		秋田・北陸新幹線開業、東京湾アクアライン開通
1998	一休、 ブッキング・ホールディングス（米国）	長野五輪冬季大会開催、 「スカイマーク」「エア・ドゥ」就航
1999	シートリップ（中国）	「瀬戸内しまなみ海道」開通、山形新幹線開業
2000	じゃらんnet、メルコトラベル トリップアドバイザー（米国）	改正航空法施行運賃自由化、 九州・沖縄サミット開催

旅行会社設立年表

2001	楽天トラベル、ケイライントラベル	米国同時多発テロ事件発生、「USJ」開業
2002	ANAセールス、TUI（ドイツ）	サッカーワールドカップ日韓大会開催、JAL・JAS経営統合
2003	フォートラベル	イラク戦争勃発、SARS流行、「ビジット・ジャパン・キャンペーン」スタート
2004	日産クリエイティブサービス	九州新幹線開通
2005	WILLER	中部国際空港開港、愛知万博開幕
2006		観光立国推進基本法成立
2007		LCC「ジェットスター」就航、「新潟県中越沖地震」発生
2008	Airbnb（米国）	北海道洞爺湖サミット開催、「観光庁」創設
2009	Uber（米国）	新型インフルエンザ発生、中国訪日個人観光査証発給開始
2010		上海万博開催、羽田空港新国際線旅客ターミナル供用開始
2011		「東日本大震災」「福島第一原子力発電所事故」発生
2012	日通旅行、Lyft（米国）	国内初LCC「ピーチ・アビエーション」就航、東京スカイツリー開業
2013		「富士山」世界文化遺産登録、「和食」無形文化遺産登録
2014		「和紙」ユネスコ無形文化遺産登録
2015	東武トップツアーズ	北陸新幹線金沢まで開業
2016		北海道新幹線開業、「熊本地震」発生、伊勢志摩サミット開催
2017		民泊新法を閣議決定

※日本旅行業協会「主要旅行業者の旅行取扱状況速報」掲載の会社、各社HP会社案内による。
※出来事は『数字が語る旅行業2017』（JATA）等による。

おわりに

案外世間には知られていないが、日本には旅行会社が約1万社も存在する。その数は、毎年若干の増減があるものの、この10年以上キープしている。日本に旅行会社が誕生してから100年を優に超えている。遅ればせながら、旅行会社が何故、どのような経緯で誕生したのかを知りたくなった。そこには時代の中で、誕生する背景や理由があった。旅の形も、社会の価値観も、旅行者のニーズも、サプライヤーの姿形も、販売方法も変化していく中で、次々に新しいビジネスモデルを携え様々な旅行会社が生まれ、大きく成長したものもあれば淘汰されていったものも決して少なくない。

本書は、旅行会社のルーツにまで遡り、それぞれの時代に、その時代を背景に登場してきた、特色ある旅行会社の誕生のエピソードを中心に1章2話ずつ10章にして書いたものである。そこには必ずと言っていいほど、熱い思いを持った創業者やリーダーが登場する。皆、それぞれに旅行需要の拡大と旅行業の将来性を確信した人達であった。そして、彼らは旅行そのものが大好きな人達でもあった。

「衣食住旅」という言葉がある。ＪＴＢが日本交通公社時代に使っていたキャッチコピーである。これは、衣食住が足りて旅に出るという言葉ではなく、人には衣食住と同等に旅が必要であるという意味である。筆者はそう理解しているし、今もそう信じている。日本人が、世界中の人々が旅行をしなくなることは絶対にない。実際に、テロや戦争の脅威にさらされている今日、決して好景気が続いている世の中ではないが、日本国内も世界レベルでも旅する人々の数は増え続けている。旅行は人々にとって絶対に必要なものであることは疑いの余地はない。

その旅行において、旅行会社は旅行する人々とその旅行者を受け入れるサプライヤーの間に立っている。その旅行会社は様々な姿形をして存在している。規模も、旅行の作り方も、旅行の売り方も千差万別である。本書にも、３万人ほどの社員を抱える巨大企業から20人足らずの小さな旅行会社までが登場する。それぞれが皆、日々工夫と努力を重ね、人々の旅行を世話し、旅文化をつくり上げている。しかし、どんな企業だって、時代の大きな変化に対応してけなければ市場から消えていく。それは旅行会社も同様である。

今日のインターネット社会は旅行会社の歴史の中で最も大きな試練といえよう。旅行者は誰にも頼らずに、インターネットで情報を集め、そして予約手配し、旅を楽しむことができる時代となった。確かに誰もが、旅行者にとっての旅行会社の存在意義はなくなりつつあると思うのが自然である。

いったい日本の旅行会社はどうなっていくのだろうか？　どうすれば生き延び、成長できるのだろうか？

この大きな変化の中で、インターネットを駆使したオンライン販売に磨きをかけていかなくてはならないだろう。ただ、インターネットは国境を無くした。世界規模のＯＴＡと正面から戦っていくことになる。一方、日本の旅行会社が長い時間をかけて磨き上げてきたコンサルタントと現場対応はインターネット時代において旅行会社が生き残るための大きな武器になる筈である。究極のホスピタリティ産業と言われる旅行会社の「人間の力」である。しかし、これすらＡＩにとって替わられる時代が来てしまうのかもしれない。

日本旅行業協会（ＪＡＴＡ）の田川博己《ひろみ》会長は、２０１７年の年頭所感で、「マーケットを動かすために仕掛ける」を念頭に、旅行会社の価値の見える化を図る年であり、「旅行会社の真価の発揮」の年としたい、と述べている。日本の旅行会社の真価発揮はこれからである。

今、旅行会社や観光業界で働いている人たちに、これから旅行会社や観光業界を目指している大学生、専門学校生に、各時代の旅行会社誕生の話を是非読んでほしい、次の時代を切り拓くときにはその歴史から学ぶことが一番良い。本書が、これからの旅行会社のこと、そして旅行の仕方を真剣に考えるきっかけになってくれたら望外の喜びである。

本書執筆にあたっては、各社の社史、創業者自身や取材を通して著された書籍などを参考引用させて頂いたこと、ご寛容頂ければ幸いである。また多忙の中、快く取材に応じてくれた各社の皆さまに改めて御礼申し上げたい。

最後に、この出版企画をご快諾いただき、編集を担当していただいた教育評論社の久保木健治氏とは数年振りではあるが7冊目のお付き合いになる。いつも変わらぬ丁寧でかつ迅速な編集進行に頭が下がる。心から信頼できる編集者と仕事ができたことに感謝している。改めて紙面を借りて心より御礼申し上げたいと思う。

2018年5月

安田亘宏
中村忠司

引用・参考文献

芦原伸『旅をつくる12人の男たち』東洋経済新報社（1999）
宇江敏勝『熊野古道を歩く』山と渓谷社（2006）
江副浩正『リクルートのDNA』角川書店（2007）
金森敦子『伊勢詣と江戸の旅 道中日記に見る旅の値段』文春新書（2004）
神崎宣武『江戸の旅文化』岩波新書（2004）
京都市『エクスペディアグループとの地域活性化包括連携協定の締結について』（2017）
近畿日本ツーリスト『近畿日本ツーリスト10年史』近畿日本ツーリスト（1965）
神坂次郎『熊野古道を歩く―熊野詣』講談社カルチャーブックス（1993）
小山靖憲『熊野古道』岩波新書（2000）
五来重『熊野詣 三山信仰と文化講』講談社学術文庫（2004）
西條奈加『御師弥五郎―お伊勢参り道中記』祥伝社（2010）
澤田秀雄『H．I．S．机二つ、電話一本からの冒険』日本経済新聞社（2005）
澤田秀雄『運をつかむ技術』小学館（2012）
澤渡貞男『海外パッケージ旅行発展史』彩流社（2009）
ジェイティービー『JTBグループ100年史』ジェイティービー（2012）
JCT創立20周年記念社史編纂委員会『JALPAKグラフィティ25 旅行開発株式会社20年史』旅行開発（1989）
十返舎一九『東海道中膝栗毛 上・下』岩波書店（1973）
ジャルパック『JALパック「いい旅、あたらしい旅。」の創造者たち』ダイヤモンド社（2014）
城山三郎『臨3311に乗れ』集英社文庫（1980）
杉田浩章『リクルートのすごい構〝創〟力』日本経済新聞出版社（2017）

高橋秀夫『理想の旅行業　クラブツーリズムの秘密』毎日新聞社（２００８）
瀧本泰行『「可処分時間」がデフレを解決する‼』財界研究所（２００４）
瀧本泰行『誰も語らないほんとうの事業承継』幻冬舎メディアコンサルティング（２００８）
旅の文化研究所『絵図に見る伊勢参り』河出書房新社（２００２）
東急観光『旅路30年：東急観光30年史』東急観光社史編纂委員会（１９８６）
東京急行電鉄『東京急行電鉄50年史』東京急行電鉄（１９７３）
東武鉄道『東武鉄道百年史』東武鉄道社史編纂室（１９９８）
富田昭次『ホテルと日本近代』青弓社（２０１５）
中西成忠『種をまく人』文藝春秋企画出版部（２０１５）
日本交通公社『日本交通公社七十年史』日本交通公社（１９８２）
日本交通公社『創業１９１２年から1世紀 創発的進化へ向けて』公益財団法人日本交通公社（２０１４）
日本旅行『日本旅行百年史』日本旅行（１９９６）
日本旅行業協会『数字が語る旅行業２０１７』日本旅行業協会（２０１７）
羽間乙彦『五島慶太』時事通信社（１９６２）
橋本亮一『最新 業界の常識よくわかる旅行業界』日本実業出版社（２０１７）
阪急交通社『株式会社阪急交通社創立30年史』阪急交通社（１９９０）
三木谷浩史『楽天流』講談社（２０１４）
安田亘宏『観光サービス論』古今書院（２０１５）
安田亘宏『インバウンド実務論』全日本情報学習振興協会（２０１７）
リー・ギャラガー、関美和訳『Airbnb Story』日経ＢＰ社（２０１７）
ワールド航空サービス『株式会社ワールド航空サービス30年史』ワールド航空サービス（２００１）

『観光経済新聞』
『週刊トラベルジャーナル』
『朝日新聞』
『日本経済新聞』
「トラベルビジョン」
「トラベルボイス観光産業ニュース」
観光庁、日本旅行業協会（ＪＡＴＡ）、各社ホームページ

装丁：相羽裕太（明昌堂）

■著者略歴
安田亘宏（やすだ・のぶひろ）
西武文理大学サービス経営学部教授。法政大学大学院政策創造研究科博士後期課程修了、博士（政策学）。観光士。
1953年東京都生まれ。1977年日本交通公社（現ＪＴＢ）に入社。旅行営業、添乗業務を経験後、本社、営業本部、グループ会社でマーケティング・販売促進・事業開発等の実務責任者・役員および同グループの旅の販促研究所所長を歴任。2010年より現職。日本エコツーリズム協会理事、コンテンツツーリズム学会副会長、日本観光研究学会会員、日本国際観光学会会員、日本旅行作家協会会員。
著書に、『インバウンド実務論』『インバウンド実務主任者認定試験公式テキスト』（以上全日本情報学習振興協会）、『観光サービス論』『コンテンツツーリズム入門』『フードツーリズム論』（以上古今書院）、『基礎から学ぶ観光プランニング』（ＪＭＣ出版）、『事例で読み解く海外旅行クレーム予防読本』『食旅と農商工連携のまちづくり』『食旅と観光まちづくり』（以上学芸出版社）、『「澤の屋旅館」は外国人になぜ人気があるのか』『旅人の本音』『キャッチコピーに見る「旅」』（以上彩流社）、『鉄旅研究』『島旅宣言』『祭旅市場』『犬旅元年』『食旅入門』『長旅時代』（以上教育評論社）、『旅行会社のクロスセル戦略』『旅の売りかた入門』（以上イカロス出版）などがある。

中村忠司（なかむら・ただし）
大阪観光大学観光学部教授。同大学観光学研究所所長。法政大学大学院政策創造研究科修士課程修了、修士（政策創造）。1961年大阪府生まれ。1984年日本交通事業社（現ＪＴＢコミュニケーションデザイン）に入社。観光関係のプロモーション企画責任者、旅の販促研究所副所長、広島営業部長を経て、2016年より現職。コンテンツツーリズム学会理事、日本フードツーリズム学会理事、日本観光研究学会会員、日本国際観光学会会員、地域活性学会会員、日本観光ホスピタリティ教育学会会員。
著書に、『観光学入門』（晃洋書房）、『コンテンツツーリズム入門』（古今書院）、『キャッチコピーに見る「旅」』（彩流社）、『鉄旅研究』『島旅宣言』『祭旅市場』『犬旅元年』『食旅入門』（以上教育評論社）などがある。

旅行会社物語

2018年6月14日　初版第一刷発行

著　者　安田亘宏・中村忠司
発行者　阿部黄瀬
発行所　株式会社教育評論社
〒103-0001
東京都中央区日本橋小伝馬町1-5 PMO日本橋江戸通
ＴＥＬ 03-3664-5851　ＦＡＸ 03-3664-5816
http://www.kyohyo.co.jp/
印刷製本　萩原印刷株式会社

ISBN 978-4-86624-015-2